U0298844

新时代营销新理念

抖音运营实战笔记

杨昭 编著

清华大学出版社
北京

内 容 简 介

没有方向：如何找准人设？如何搭建账号？什么是用户画像？

不懂运营：账号被平台限流怎么办？涨粉很缓慢如何解决？什么是平台算法？

不懂创作：什么内容受欢迎？不会拍摄剪辑视频？如何提升完播率？

不会赢利：产品怎么引流？如何开店卖货？直播带货怎么做？

本书通过 10 大专题内容、140 多招实用干货，助你轻松玩转抖音！

书中具体包括入驻抖音、推荐算法、引流吸粉、内容制作、视频拍摄、后期剪辑、抖音开店、抖音开播、卖货技巧、视频赢利等内容，重点将抖音的"精准定位＋通晓算法＋引流运营＋内容制作＋直播带货＋视频赢利"等知识在实例中讲明白，使初学者能轻松掌握。

本书内容全面，案例丰富，应用贴近一线，实操性强，不仅适合广大想要引流、宣传、直播、开店、带货的抖音运营者和主播学习，还适合网店卖家、产品市场营销人员、企业营销管理人员阅读，同时也适合用作高等院校和培训学校新媒体或电商相关专业的教学参考用书。

图书在版编目（CIP）数据

抖音运营实战笔记 / 杨昭编著. —北京：清华大学出版社，2024.3
（新时代·营销新理念）
ISBN 978-7-302-65467-4

Ⅰ. ①抖… Ⅱ. ①杨… Ⅲ. ①网络营销 Ⅳ. ①F713.365.2

中国国家版本馆 CIP 数据核字（2024）第 044671 号

责任编辑：刘　洋
封面设计：徐　超
版式设计：张　姿
责任校对：宋玉莲
责任印制：宋　林

出版发行：清华大学出版社
　　　网　　　址：https://www.tup.com.cn，https://www.wqxuetang.com
　　　地　　　址：北京清华大学学研大厦 A 座　　　邮　　编：100084
　　　社　总　机：010-83470000　　　邮　　购：010-62786544
　　　投稿与读者服务：010-62776969，c-service@tup.tsinghua.edu.cn
　　　质　量　反　馈：010-62772015，zhiliang@tup.tsinghua.edu.cn
印　装　者：北京联兴盛业印刷股份有限公司
经　　销：全国新华书店
开　　本：170mm×240mm　　　印　张：15.5　　　字　数：246 千字
版　　次：2024 年 5 月第 1 版　　　印　次：2024 年 5 月第 1 次印刷
定　　价：79.00 元

产品编号：102623-01

随着抖音平台的飞速发展，越来越多的用户迈入短视频的世界，短视频成了很多人生活的一部分。并且物流、网络也越来越方便，越来越多的用户在抖音等短视频平台上发现了新的商机。

在互联网时代，有流量就有商机。很多的企业、品牌也在不断学习使用短视频这种有效的引流和营销工具。但是，应该如何操作呢？相信很多人都会有一些疑问，像"准备创建新的抖音账号，应该如何做好账号定位？""如何拍摄出用户喜爱的爆款短视频？""开通抖音店铺之后，应该如何运营？""如何使用抖音进行带货卖货？"等。

为了解答这些问题，本书从账号设置、内容制作、开店直播和卖货赢利这四大方面，介绍抖音短视频的电商运营，帮助运营者学习和掌握短视频从策划到赢利的全流程。

从短视频的整个流程来看，主要包括前期的内容策划与定位、中期的内容制作以及后期的运营与赢利。而本书的初衷，就在于帮助运营者打造一个成功的短视频账号。

本书的核心是抖音短视频的制作和运营，根本目的是带货赢利。本书内容安排由浅入深，以理论结合案例，内容通俗易懂。

很多运营者在运营抖音短视频账号的过程中，难以找到合适的参考资料，这是因为现在市面上的短视频运营类图书虽多，但其中很多只停留在理论的层面，或者内容不全面，即便看后也不知道该如何进行具体的操作。

针对这种现状，笔者结合个人对抖音最新的经验认识、抖音平台的发展、抖音用户的属性等内容推出了本书。本书内容更加丰富、内容涵盖更加广泛，

而且还新增了具体的实操步骤，大家一看就能懂，更加容易上手。通过对本书的学习，运营者可以在较短的时间内，快速掌握大部分抖音短视频电商运营的干货，让带货获得更好的效果。

特别提示： 在编写本书时，笔者是基于当时各软件所截的实际操作图片，但书从编辑到出版需要一段时间，在这段时间里，软件界面与功能会有调整与变化，比如有的内容删除了，有的内容增加了，这是软件开发商做的常态更新或维护，请在阅读时，根据书中的思路，举一反三学习即可，不必拘泥于细微的变化。

本书由杨昭编著，参与编写的人员还有宾紫嫣，在此表示感谢。由于作者知识水平有限，书中难免有错误和疏漏之处，恳请广大读者批评、指正。

编　者

2023 年 5 月

CONTENTS
目　录

第1章　入驻抖音：完成账号的设置

第2章 推荐算法：掌握流量的密码

第3章 引流吸粉：精准的引流技巧

第4章 内容制作：吸引用户的关键

第5章 视频拍摄：拍出精美的画面

第6章 后期剪辑：打造爆款短视频

第7章 抖音开店：做好创业第一步

🎵 第8章 抖音开播：玩转带货直播间

第9章 卖货技巧：快速提升转化率

第10章 视频赢利：实现创业的梦想

第 1 章

入驻抖音：
完成账号的设置

学前提示

对于抖音运营者来说，知道自身账号的运营方向是尤为重要的，这不仅能够为抖音号的运营提供方向，还能让运营活动变得有的放矢。

本章就来为大家讲解如何打造符合自身人设的抖音账号、抖音账号权重的提高以及抖音账号运营的技巧。

要点展示

· 抖音账号的定位

· 抖音账号权重的提高

· 抖音账号信息的设置

· 抖音账号运营的技巧

1.1 抖音账号的定位

抖音账号定位是为抖音账号的运营确定一个方向，为内容发布指明方向。那么，如何进行抖音账号的定位呢？运营者们可以从以下4个方面进行思考，本节就来分别进行解读。

1.1.1 专长定位，提高目标用户黏性

对于自身拥有专长的运营者来说，根据自身专长去决定账号的定位是一种最为直接和有效的定位方法。运营者只需对自己或团队成员进行分析，然后选择某一个或几个专长，进行账号定位即可。

在抖音上，很多运营者都会选择根据自身专长来定位账号，因为这样能够更加深入地了解目标用户的需求和痛点，从而提供更有价值的内容和服务。以下是一些专长定位的例子。

（1）美食家：如果你是一位美食爱好者或专业厨师，你可以在抖音上分享你的美食制作过程、美食探店经历或美食背后的故事。通过展示你的烹饪技巧、美食文化、食材选择等方面的专长，吸引那些同样对美食感兴趣的用户。

（2）健身教练：如果你是一位健身教练或是有健身经验的爱好者，你可以在抖音上分享健身心得、训练技巧、健康饮食建议等，如图1-1所示。通过展示你的专业知识和个人魅力，吸引那些想要改善身体健康、增强身体素质的用户。

图 1-1　在抖音上分享健身心得

（3）摄影师：如果你是一位专业摄影师或是有摄影爱好的人，你可以在抖音上分享摄影技巧、拍摄心得、后期制作过程等，如图1-2所示。通过展示你的摄影作品和创作过程，吸引那些同样对摄影感兴趣的用户。

图 1-2　在抖音上分享摄影技巧

（4）教育专家：如果你是一位教育专家或是有特定领域的知识储备，你可以在抖音上分享专业知识、教育理念、学习方法等，如图1-3所示。通过展示你的专业素养和教育经验，吸引那些想要获取学习指导和教育资源的用户。

图 1-3　在抖音上分享专业知识

（5）音乐人：如果你是一位音乐人或是有音乐爱好的人，你可以在抖音上

分享音乐作品、音乐创作过程、演出经历等。通过展示你的音乐才华和表演魅力，吸引那些同样对音乐感兴趣的用户。

总之，根据自身专长去定位抖音账号，能够让运营者更加深入地了解目标用户的需求和痛点，从而提供更有价值的内容和服务。同时，这种定位方法也能够提高目标用户的黏性，让用户更加喜欢和信任你的账号。

1.1.2 需求定位，拓宽目标用户广度

通常来说，符合用户需求的内容会更容易受到欢迎。因此，结合用户的需求进行定位也是一种不错的方法。

大多数女性都有护肤的习惯，并且想学习更加专业的护肤技巧以及寻找更加适合自己肤质的产品。因此，这些女性通常会对护肤类内容比较关注。在这种情况下，运营者如果对护肤内容比较擅长，那么将账号定位为护肤类账号就比较合适了。

例如，某抖音博主非常擅长护肤，于是便将自己的账号定位为护肤类账号，并持续地为抖音用户分享护肤类内容，也会时不时地分享一些变美小技巧以及美妆知识。图 1-4 所示为某抖音博主发布的抖音短视频。

图 1-4 某抖音博主发布的抖音短视频

除了护肤之外，符合抖音用户普遍需求的内容还有很多，美食制作便属于其中之一。许多抖音用户，特别是喜欢做菜的用户，通常都会从抖音中寻找一些家常菜或者新鲜菜肴的制作方法。

因此，如果运营者自身就是厨师，或者会做的菜肴比较多，又特别喜欢制作美食，那么将账号定位为美食制作分享类账号就是一个很好的方向。

图1-5所示为某美食制作分享类账号发布的抖音短视频示例。在该账号中，运营者通过视频将一道道菜肴从选材到制作的过程进行全面呈现。因为该账号将制作过程进行了比较详细的展示，而且每个视频的画面都极为精美，再加上许多菜肴都是抖音用户想要尝试制作的家常菜，所以该账号发布的短视频很容易就获得了大量播放、点赞和收藏。

图1-5 某美食制作分享类账号发布的抖音短视频

1.1.3 内容定位，打造私域流量池

抖音运营者可以从挖掘抖音中相对稀缺的内容出发，进行账号定位。

例如，某抖音账号定位为整蛊网瘾弟弟的一个账号。像这种专门做整蛊网瘾少年内容的抖音账号本身就是比较少的，因此其内容就具有了一定的稀缺性。再加上随着移动网络的发展，越来越多的青少年开始有了网瘾。所以，

许多用户看到这一类视频之后，就会觉得特别贴合现实。

除了平台上本来就稀缺的内容之外，运营者还可以通过展示自身的能力，让自己的账号内容，甚至是账号，具有一定的稀缺性。

比如，美食制作类的账号可以烹饪一些较为大件的食材，像全牛、全羊等。这些食材的成本相对来说会比较高，所以抖音中很少会有类似的美食制作视频。这样一来，该账号的视频自然就有了稀缺性，再加上许多用户在日常生活中很少能见识到烹饪大件食材的完整过程，所以该类账号想要获得高流量也是相对容易的。图 1-6 所示为某美食博主发布的抖音短视频。

图 1-6　某美食博主发布的抖音短视频

再比如，萌宠分享类的账号大多是分享萌宠的日常生活，但这种类型的视频只要家里面有萌宠就可以进行制作，并不具有内容上的稀缺性。那么，运营者应该如何将其内容变得具有稀缺性呢？具体来说，当视频中的萌宠做出动作时，运营者可以同步配上一些字幕。这样一来，萌宠的行为就通过字幕中的内容表达出来了。结合字幕和萌宠在视频中的表现，让人觉得萌宠们特别调皮、可爱，如图 1-7 所示。

需要注意的是，字幕一定要符合当时的情境，而且语气要尽量调皮一些，这样才会更符合萌宠的形象。

图1-7 某萌宠分享类博主发布的抖音短视频

1.1.4 品牌定位，提高品牌影响力

下面是有关抖音企业号的定位方法。许多企业和品牌在长期的发展过程中已经形成了自身的特色，如果根据这些特色进行定位，会比较容易获得用户的认同。

根据品牌特色做定位又可以细分为两种方法，一是用能够代表企业的物象做账号定位，二是以企业或品牌的业务范围做账号定位。

三只松鼠就是一个用能够代表企业的物象做账号内容的抖音号。三只松鼠这一品牌的卡通形象和logo（logotype，徽标或者商标的意思）就是三只外形不同的松鼠。在这个抖音号中，运营者会经常分享一些以三只外形不同的松鼠作为主角的视频，如图1-8所示。因此，三只松鼠的视频便具有了自身的品牌特色，这种通过卡通形象进行表达的内容更容易被用户记住，更加能够提高品牌的影响力。

猫眼电影是一个以企业或品牌的业务范围做账号内容的代表。用户一看"猫眼电影"这个名字就知道，这是一个从事与电影相关业务的品牌。因此，该账号定位为电影信息分享的账号，图1-9所示为该账号发布的相关抖音短视频。

图 1-8 "三只松鼠"发布的抖音短视频

图 1-9 "猫眼电影"发布的相关抖音短视频

1.2 抖音账号信息的设置

　　抖音账号信息的设置技巧与定位技巧有着同样的逻辑，即以吸引用户为基础，对账号进行相关的设置。用户在刷抖音的时候，通常是利用碎片化的时间快速浏览，当他浏览到一个什么样的界面的时候会停下来呢？界面上有哪些元素会吸引他呢？

用户因为某个短视频而停下刷视频的动作，究其原因可能是被其"表面的东西"所吸引，并不是视频具体的内容。那么，表面的东西是什么？这包括账号给人的整体感觉，它是由账号对外展示的东西，如名字、头像等带来的。如果想要得到用户的关注，那就需要通过简介、头图以及账号信息的整体搭配来实现。

本节将介绍抖音账号信息的设置方法，让运营者们通过账号信息的设置，实现引流和涨粉的目的。

1.2.1 登录账号，运营抖音的开始

抖音账号的注册无须进行复杂的操作，运营者只需用手机号或微信等方式直接登录即可。具体来说，可以通过如下操作登录抖音平台。

步骤 01 进入抖音 App 之后，点击"我"按钮，如图 1-10 所示。

步骤 02 操作完成后，进入账号登录界面。❶选中"已阅读并同意用户协议和隐私政策"复选框；❷点击"一键登录"按钮，如图 1-11 所示，可以登录之前登录过的账号。如果需要更换账号，则可以点击"其他手机号码登录"按钮。

图 1-10 点击"我"按钮

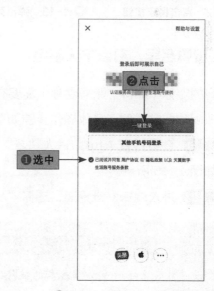

图 1-11 点击"一键登录"按钮

步骤 03 运营者点击"其他手机号码登录"按钮后，会进入手机号码登录界面。在此，运营者可以使用手机号码登录抖音号。除此之外，运营者还可以选择使用其他方式登录，点击"⊙"按钮，如图 1-12 所示。

步骤 04 执行操作后，弹出其他账号登录列表框，如图 1-13 所示。

步骤 05 选择"微博登录"选项，便可进入"微博登录"界面。运营者只需点击界面中的"确认"按钮，如图 1-14 所示，便可用该微博号登录抖音。

图 1-12 点击相应按钮   图 1-13 弹出列表框   图 1-14 点击"确认"按钮

1.2.2 设置名字，打造个人特色

抖音的昵称（即抖音账号名称）需要有特点，而且最好和账号定位相关。抖音修改昵称非常方便，具体操作步骤如下。

步骤 01 登录抖音 App，进入"我"界面，点击界面中的"编辑资料"按钮，如图 1-15 所示。

步骤 02 进入编辑资料界面，选择"名字"选项，如图 1-16 所示。

专家提醒

在设置抖音名字时有两个基本的技巧，具体如下。

·名字不能太长，太长的话用户不容易记忆，通常 3～5 个字即可。

·抖音名字最好体现人设，即看见名字就能联系到人设。人设是指人物设定，主要包括姓名、年龄、身高等人物的基本设定，以及企业、职位和成就等信息的设定。

图 1-15 点击"编辑资料"按钮　　图 1-16 选择"名字"选项

步骤 03 进入"修改名字"界面，❶ 在"我的名字"文本框中输入新的昵称；❷ 点击"保存"按钮，如图 1-17 所示。

步骤 04 操作完成后，返回"我"界面，可以看到此时账号名字便完成了修改，如图 1-18 所示。

图 1-17 点击"保存"按钮　　图 1-18 完成昵称的修改

1.2.3 更换头像，体现账号特色

抖音账号的头像要有特点，必须展现运营者最具特色的一面，或者展现企业的良好形象。抖音账号的头像设置主要有两种方式，具体如下。

1. "我"界面修改

在抖音"我"界面中，运营者可以通过如下步骤修改头像。

步骤 01 进入抖音 App 的"我"界面，点击头像，如图 1-19 所示。

步骤 02 进入头像展示界面，选择下方的"更换头像"选项，如图 1-20 所示。

图 1-19 点击头像

图 1-20 选择"更换头像"选项

步骤 03 操作完成后，进入"所有照片"界面，选择需要作为头像的图片，如图 1-21 所示。

步骤 04 执行操作后，进入"裁剪"界面，对图片进行裁剪之后，点击右上角的"完成"按钮，如图 1-22 所示，即可完成头像的修改。

2. 编辑资料界面修改

在编辑资料界面，运营者只需点击头像，便可在弹出的列表框中选择合适的方式修改头像，如图 1-23 所示。

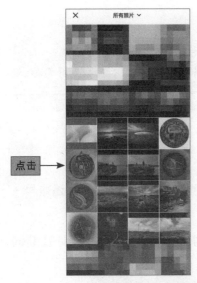

点击 →

图 1-21 选择需要作为头像的图片

点击

图 1-22 点击"完成"按钮

点击

图 1-23 在编辑资料界面修改头像

比如，选择"从相册选择"选项之后，只需按照在"我"的界面修改的步骤 03 至步骤 04 进行操作，便可完成头像的修改。

专家提醒

在设置抖音头像时有 3 个基本的技巧，具体如下。

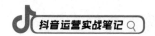

·头像一定要清晰。

·个人人设账号一般使用主播肖像作为头像。

·团体人设账号可以使用代表人物的形象作为头像，或者使用公司名称、logo 等标志。

1.2.4 填写简介，引导用户关注

抖音的账号简介通常是简单明了，一句话解决，主要原则是"描述账号 + 引导关注"，基本设置技巧如下。

• 前半句描述账号特点或功能，后半句引导关注，明确出现关键词"关注"。

• 账号简介可以用多行文字，但一定要在多行文字的视觉中心出现"关注"两个字。

• 用户可以在简介中巧妙地推荐自身的其他平台账号，但不建议直接引导加微信。

1.2.5 更换头图，用户更加信任

账号头图就是抖音主页界面最上方的图片。部分抖音运营者认为头图设不设置无所谓，其实不然。图 1-24 所示为一个没有设置头图的抖音号主页，看到这张图片之后会给用户什么感觉呢？可能会让用户觉得这个主页好像缺了什么东西。而且，运营者连头图也不设置，像是没有用心在运营账号。

其实，即便是随意换一张图片，给用户的感觉也会比直接用抖音号的默认图片要好得多。不仅如此，头图本身也是一个很好的宣传场所。例如，运营者可以设置带有引导关注类文字的头图，提高账号的吸粉能力，如图 1-25 所示。

图 1-24 一个没有设置头图的抖音号主页

另外，运营者还可以在头图中展示自身的业务范围，让抖音用户一看就知道这个账号是做什么的。这样当用户有相关需求时，便会将该账号作为自己的选择之一。图1-26所示为利用头图吸引客户的示例。

图 1-25　通过头图引导关注

图 1-26　利用头图吸引客户的示例

那么，如何更换抖音头图呢？下面就来介绍下具体的操作步骤。

步骤 01 进入抖音App中的"我"界面，点击该界面上方头图所在的位置，如图1-27所示。

步骤 02 进入头图展示界面，点击"更换背景"按钮，如图1-28所示。

图 1-27　点击头图所在的位置

图 1-28　点击"更换背景"按钮

步骤 03 上述操作完成后，进入"所有照片"界面，选择需要作为头图的图片，如图 1-29 所示。

步骤 04 操作完成后，进入"裁剪"界面，对图片进行裁剪之后，点击下方的"确定"按钮，如图 1-30 所示。

步骤 05 操作完成后，返回"我"界面，头图完成了更换，如图 1-31 所示。

图 1-29　选择需要作为头图的图片

图 1-30　点击"确定"按钮

图 1-31　头图修改成功

在头图的修改过程中，如果想要获得更好的展示效果，需要适当地对图片做一些修改。比如，运营者在操作时没有太注重图片的裁剪，就很可能会影响最后呈现出来的效果，可能会存在一些文字被遮挡，还有一些文字没有显示出来的问题，给用户的观感就不够好。

1.2.6　补充信息，提高资料完整度

除了名字、头像、简介和头图之外，运营者还可以对学校、性别、生日和地区等账号信息进行设置，这些信息只需进入"编辑资料"界面便可以直接进行修改。

在这 4 类账号信息中，学校和地区相对来说更重要一些。学校的设置，特别是与账号定位一致的学校信息设置，能让用户觉得账号运营者更具专业性，从而提高账号内容对抖音用户的吸引力。地区的设置，则能更好地吸引同城抖音用户的关注，从而提高运营者旗下实体店的流量，实现将流量从线上引至线下。

以设置学校为例，运营者进入编辑资料界面后，选择"学校"选项，如图 1-32 所示。操作完成后，便可进入"添加学校"界面，如图 1-33 所示。运营者可以在此界面对"学校""院系""入学时间""学历""展示范围"进行详细的设置。

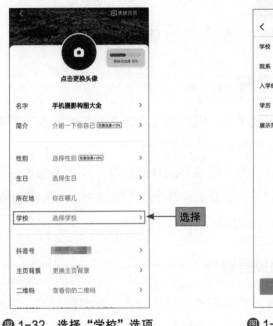

图 1-32 选择"学校"选项

图 1-33 "添加学校"界面

信息设置完成后，点击界面下方的"保存"按钮。操作完成后，弹出学校信息修改提醒对话框，如图 1-34 所示。

运营者如果点击对话框中的"提交"按钮，将自动返回"编辑资料"界面。如果此时学校选项中出现了相关信息，就说明学校信息设置成功了，如图 1-35 所示。

图 1-34　弹出学校信息修改提醒对话框

图 1-35　学校信息修改成功

1.3　抖音账号权重的提高

抖音权重指的是某一因素相对于视频曝光度的重要程度，权重的高低影响着视频的播放量、曝光度和视频是否能上热搜。

提高账号权重，就能够获得系统更多的流量推荐，让更多的抖音用户刷到该账号发布的短视频。那么，运营者应该如何提高账号的权重和避免账号被降权呢？本节就来进行详细的讲解。

1.3.1　提高权重，提高账号曝光

抖音账号运营的过程中，需要通过"养号"来提高账号的权重，从而让账号获得更多的流量。那么，如何来提高账号的权重呢？运营者可以做好以下5个建议。

1. 用流量登录几次

用流量登录几次这个动作是必须做的。如果你的手机连了 Wi-Fi（Wireless Fidelity，无线网络通信技术，又称为"移动热点"），你可以在养号阶段适当断掉 Wi-Fi 连接，用手机流量刷一下抖音短视频，这样能为自己

的账号加权。

2. 刷首页推荐同领域内容

刷首页推荐，找到同领域的内容也是一种有效的加权动作。有的运营者说看不见同领域的内容怎么办？比如，运营者定位的是一个非常偏门的领域，这个领域不一定能有得到首页推荐的内容，那么运营者可以主动去搜索这个领域的关键词。

比如，做家纺内容的运营者，可以去搜索家纺、被罩、窗帘、被单和枕头等关键词。通过搜索关键词，找到相关的内容，然后点击、进去观看就可以了。

3. 翻一翻抖音热榜

翻一翻抖音热榜也可以达到为账号加权的目的。例如，在抖音的搜索界面中有一个"猜你想搜"板块，该板块会显示一些抖音用户近期经常搜索的内容。翻看这些内容，我们可以了解广大抖音用户感兴趣的内容主要有哪些，然后通过将这些内容和自身定位相结合，打造更能吸引用户的抖音短视频，从而提高账号的权重。

4. 让系统记住你的位置和领域

刷同城推荐，让系统记住你的位置和领域也可以为你的账号加权。在养号阶段，运营者刷同城推荐内容是很有必要的。系统会通过你刷同城推荐获得你的真实位置，从而判断你的账号是否由虚拟机器人在进行操作。

同城的内容也要看一看，哪怕同城上没有同领域的内容，运营者也要刷一刷、看一看。这个是为了让系统能够识别你真实的位置，避免误判你是虚拟机器人在进行操作。对于机器人操作，系统是严格打击的，这样做就能有效地避免系统误判。

进入抖音 App 之后，只需点击"同城"按钮，便可以进入"同城"界面。"同城"界面中可以看到同城直播，向上滑动界面，还可以看到更多同城的抖音短视频。另外，系统会根据运营者所在的位置，自动进行定位。如果定位不正确，或者需要将地点设置为其他城市，可以点击"切换"进行选择，让系

统记住你的位置。

5. 维持账号正常的使用频率

维持抖音账号正常的使用频率，能够让系统明白运营者的账号是正常运营的。而对于正常运营的活跃账号，抖音官方自然是会进行鼓励的。当然，使用抖音也应该有节制，如果每天的使用时间过长，比如，一天刷抖音超过了 12 小时，那么系统也可能会将账号判定为非正常运营。

1.3.2 避免降权，保证账号的运营

在抖音运营的过程中，有一些行为可能会受到降权的处罚。因此，运营者在运营过程中，特别是养号期间，一定要尽可能避免这些行为。下面就来和大家说一下可能会让抖音号降权的 5 种行为。

1. 频繁更改账号信息

养号阶段最好不要频繁地更改账号的相关信息，这样做账号可能会被系统判断为非正常运营。

当然，一些特殊情况修改账号信息还是有必要的。例如，注册账号时，为了通过审核，必须对账号的相关信息进行修改；又如，系统消息告知运营者，账号信息中存在违规信息，为了账号能够正常运营，有必要根据相关要求进行相应的修改。

2. 同一 Wi-Fi 登录多个账号

如果运营者用同一 Wi-Fi 登录多个账号，那么系统很可能就会认为运营者在同时运营几个抖音账号，甚至会认为运营者是在用虚拟机器人运营账号，这很可能会被判定为运营异常而受到降权处罚。

3. 养号期间随意发视频

养号期间，抖音会重新审视账号权重，运营者此时最好不要随意发布视频。因为，如果运营者发的视频各项数据都不高，抖音就会认为该账号所发布的视频质量比较差，从而对账号进行降权处理。

4. 频繁重复同一行为

有的运营者想要提高账号的活跃度，又不想花太多时间，于是选择频繁地重复某一行为。比如，有的运营者对他人的视频进行评论时，都是写"真有意思"。需要注意的是，当运营者重复用这句话评论几十次之后，系统很有可能会认为该账号是用机器人在进行操作，从而对账号进行降权处理。

5. 频繁登录、退出账号

大多数用户打开抖音之后，即便因为某些事情暂时不用了，也不会退出之后马上又登录。因此，如果运营者频繁地登录又退出账号，系统自然而然就会判定该账号是虚拟机器人在进行操作，从而对账号进行降权处理。

> **专家提醒**
>
> 如果运营者前期发布的视频流量很好，视频进入了较大的流量池，但后期发布的视频产生了违规行为，那么运营者的账号权重就会被系统降低，从而导致账号被限流甚至封号。因此，运营者一定要对发布的视频内容慎重审视，保持账号的健康运营。

1.4 抖音账号运营的技巧

在抖音平台中，运营者应该如何运营账号，才能获得流量与用户的关注？这就要求运营者把握住抖音账号运营的要点，抢占先机，为自己的账号博得流量。本节将具体讲述抖音账号运营的相关技巧。

1.4.1 运营基础，遵守抖音平台的规则

对于运营者来说，做原创才是最长久、最靠谱的一件事情。在互联网上，想借助抖音平台成功实现赢利，一定要做到两点：遵守平台规则和迎合用户的喜好。下面重点介绍抖音平台的规则。

（1）建议不直接转发他人的视频。如果直接转发他人的视频且不注明出处，抖音平台会进行封号或者不给转发的作品作出推荐，因此不建议运营者这样做。

（2）视频必须清晰度高，无其他平台水印。

（3）清楚视频推荐算法机制，了解流量赛马机制以及抖音平台的算法机制。

1.4.2　把握时机，选择内容发布的时间

运营者在发布抖音短视频时，发布频率最好是一周 2～3 条，然后进行精细化运营，保持账号的活跃度，让每一条视频都尽可能上热门。为了让你的作品被更多人看到，发布的时间一定要选择在线用户数多的时候进行发布。

据统计，用户使用抖音 App 最多的时间段是饭前和睡前，有 62% 的用户会在这段时间内看抖音；10.9% 的用户会在碎片化时间看抖音，如上卫生间时或者上班路上。特别是睡前、周末和节假日这些时间段，抖音的用户活跃度非常高。因此，建议运营者选择在以下 3 个时间段发布短视频，如图 1-36 所示。

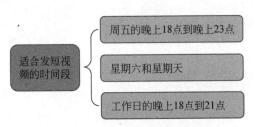

适合发短视频的时间段

- 周五的晚上18点到晚上23点
- 星期六和星期天
- 工作日的晚上18点到21点

图 1-36　适合发短视频的时间段

当然，发布视频的时间还需要运营者结合目标用户群体的具体情况，根据职业不同、工作性质不同、领域不同等因素，发布的时间节点也应有所差别，因此运营者要结合内容属性和目标人群，去选择一个合适的时间点发布内容。

1.4.3　管控内容，不要随意删除短视频

很多短视频都是在发布了一周甚至一个月之后，才突然开始火爆起来的，所以这一点证明：抖音上每个运营者的地位都是平等的，唯一不平等的就是内容的质量。抖音账号是否能够快速获得一百万粉丝、是否能够快速吸引目标

用户的关注，最核心的点还是内容质量的高低。

这里强调一个核心词，叫作"时间性"。因为，很多运营者在运营抖音账号时有个不好的习惯，那就是当发现某个视频的整体数据很差时，就会把这个视频删除。但根据经验，运营者们最好不要删除之前发布的视频，尤其是账号还处在稳定成长的时期，删除作品对账号有很大的影响，具体表现在以下两点。

- 可能会减少作品上热门的机会，降低内容被再次推荐的可能性。

- 过往的权重会受到影响，因为账号本来已经运营维护得很好了，内容已经能够得到稳定的推荐，此时把之前的视频删除，可能会影响到账号当下已经拥有的整体数据。

这就是"时间性"的表现，那些暂时无人问津的作品，可能过一段时间又能够得到流量扶持或再次曝光，因此运营者最好不要随意删除作品。

1.4.4 避免踩雷，规避账号运营的误区

在短视频领域，渠道运营是非常重要的工作。运营抖音账号过程中，有两部分内容运营者是一定要知道的，第一部分是平台的规则，第二部分是运营的误区。

抖音号的运营工作比较复杂，运营者不仅仅要懂内容，还要懂得如何做互动，但是内容团队往往没有充足的预算去配备完善的运营团队，所以运营者需要了解和进行很多方面的工作内容。在这样的情况下，运营者很容易陷入工作误区，抓不住工作重点。下面介绍一下最常见的4个抖音运营误区。

1. 不与用户进行互动

第一个误区是不与用户进行互动。这点很好理解，一般给作品评论的都是平台里相对活跃的用户，及时进行互动有助于吸引用户的关注，而且抖音官方也希望运营者可以带动平台的用户活跃起来。

当然，运营者不用每一条评论都去回复，可以筛选一些有想法、有意思或者有价值的评论来回复和互动。其实，很多运营者不是不知道互动的重要性，更多是因为精力有限，没有时间去做这项工作。在这里，建议运营者们

抽出一部分时间去回复用户的评论以及私信，这都是有助于积累人气、提高粉丝量的。

2. 运营渠道非常单一

第二个误区是账号运营的渠道非常单一，只做抖音账号运营。在这里，建议运营者进行多渠道运营，因为多渠道运营会帮助你获得更多的机会。而且很多渠道可能会在不经意间产生爆款，也能创造一些小惊喜，实现多平台联动。例如，运营者可以用抖音号入驻抖音盒子平台以及今日头条平台，用同一个账号同时在多个平台运营。

3. 过度地追热门

追热点的行为其实是值得推荐的，但是运营者要把握好度，内容上不能超出自己的领域。如果热点与运营者的领域和创作风格不统一，千万不能硬追热点，这样会导致账号内容的垂直度降低，粉丝黏性下降，是一种得不偿失的行为。

这点可以在抖音上得到验证。往往一个抖音视频火爆之后，创作者很难长期留住该视频带来的粉丝。因为很多运营者更多的是去抄袭而不是原创，这样很难持续产出风格统一的作品，所以就算偶然间产出了一两个爆款，也无法长期地留住粉丝。

4. 从来不做数据分析

误区四就是老生常谈的数据分析了，这是一个需要运营者长期进行的工作。数据可以暴露一些纯粹的问题，有经验的或者成熟的运营者都很关注账号的数据，并通过数据分析发现问题。

例如，账号内容的整体数据都下滑了，那么肯定是哪里出了问题。不管是主观原因还是客观原因，运营者都要第一时间排查。如果只是某一天的数据突然下滑，那么就要看是不是平台的政策有了调整。

数据分析还可以指导账号的运营策略，如分析受众的活跃时间点、粉丝群体的构成、竞争对手的活跃时间点等。

除了以上4个误区之外，其实还有很多要特别注意的方面，但这就需要大家在各自的运营工作中去发现问题和寻找解决方法了。

第 2 章

推荐算法：
掌握流量的密码

学前提示

抖音平台采用的是去中心化的流量分配逻辑，本章将由浅到深地介绍抖音的算法机制，并帮助运营者结合热点数据获取更大的流量，从而掌握流量的密码。

要点展示

· 洞悉算法提升流量　　　　　· 利用数据捕捉热点

2.1　洞悉算法提升流量

随着越来越多的运营者入驻抖音，抖音流量争夺战也日趋焦灼。每个运营者都希望在抖音平台获得更多的流量，提升赢利收益，拥有更多赢利的可能。但是，抖音的流量不是人为操控的，它采用的是去中心化的流量分配逻辑，拥有独特的算法机制。

因此，运营者们只有深刻理解抖音的算法机制，才能在流量争夺战中占得先机，获取丰厚的流量收益，从而实现赢利。本节将详细介绍抖音平台的算法机制。

2.1.1　解读算法，更好地运营账号

要想提高自己的粉丝量，运营者首先要想办法让自己的作品火爆起来，这是成为达人的必经之路。如果运营者没有一夜爆火的机遇，就需要一步一步、脚踏实地地做好自己的视频内容。

当然，这其中也有很多运营技巧，能够帮助运营者提升视频的流量，而平台的算法机制是最重要的运营技巧之一，了解算法机制是掌握流量密码的第一步。

下面从 3 个方面解读抖音平台的算法机制，帮助运营者理解算法机制的含义和原理，在起跑线上领先别人。

1. 什么是算法机制

简单来说，算法机制就像是一套评判规则，这个规则作用于平台上的所有用户，用户在平台上的所有行为都会被系统记录，同时系统会根据这些行为来判断用户的性质，将用户分为优质用户、流失用户及潜在用户等类型。

例如，某个运营者在平台上发布了一个视频，此时算法机制就会考量这个视频的各项数据指标，来判断视频内容的优劣。如果算法机制判断该视频为优质内容，则会继续在平台上对其进行推荐，否则就不会再提供流量扶持。

再举个简单的例子，某个用户天天在抖音平台上刷家居生活类的视频，

而且每个视频都会看完。那么，接下来算法机制就会根据这个用户的喜好，重点给他推荐家居生活类的内容。

如果运营者想知道抖音平台上当下的流行趋势，平台最喜欢推荐哪种类型的视频，运营者可以注册一个新的抖音账号，然后记录前30条刷到的视频内容，每个视频都完全看完，这样算法机制就无法判断运营者的喜好，便会给运营者推荐当前平台上最受欢迎的视频。

因此，运营者可以根据平台的算法机制来调整自己的内容细节，让内容能够最大化地迎合平台的算法机制，从而获得更多流量。

2. 抖音平台的算法机制

抖音是一款以内容为主、电商为辅的 App，因此其算法机制不会过于商业化。抖音平台通过智能化的算法机制来分析运营者发布的内容和用户的行为，如点赞、停留、评论、转发、关注等，从而了解每个人的兴趣，并给内容和用户打上对应的标签，从而实现彼此的精准匹配。

在这种算法机制下，好的内容能够获得用户的关注，也就是获得精准的流量。而用户可以看到自己想要看的内容，从而持续在这个平台上停留，可以说是"一举三得"。抖音的算法机制模型如图 2-1 所示。

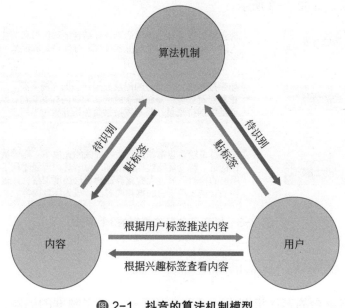

图 2-1 抖音的算法机制模型

> **专家提醒**
>
> 　　抖音平台不同于微信公众号，微信公众号中的内容阅读量基本由运营者的粉丝量来决定；抖音平台的算法机制则对于内容和用户的把控很严，因此视频的播放量并不完全取决于粉丝量的多少，所有流量都是由算法机制来进行分配的。

当运营者在抖音平台上发布一条视频后，平台会基于该视频的内容质量、运营者粉丝量和用户兴趣话题，给予该视频一定的初始流量，初始流量的组成部分如图 2-2 所示。

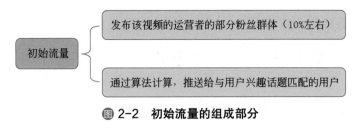

图 2-2　初始流量的组成部分

3. 抖音平台的算法逻辑

运营者发布到抖音平台的视频或图文内容需要经过层层审核，才能被大众看到，其背后的主要算法逻辑分为 3 个部分，分别为智能分发、叠加推荐及热度加权，如图 2-3 所示。

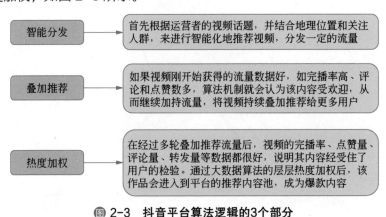

图 2-3　抖音平台算法逻辑的3个部分

2.1.2　掌握原理，了解话题及标签算法

在抖音平台的算法机制中，话题非常重要，有了精准的话题，平台才能

够将运营者的内容推送给真正喜欢该内容的人群，即触达目标用户。标签也十分重要，只有给用户贴上合适的标签，才能实现给用户精准地推送内容。抖音的这种算法机制，仿佛为用户提供了一个"真正懂你的伴侣"，让用户愿意将碎片时间都拿来刷抖音，包括午休时、吃饭时，乃至睡觉前的时间。

整个抖音的算法机制流程可以分为 5 个部分，下面为大家介绍如何根据内容维度贴上相应的话题，根据用户兴趣为其贴上对应的标签，以及如何按照话题和标签智能推送个性化的内容。

1. 给内容添加话题

在抖音平台的后台中，系统会将所有内容都添加对应的话题，以供用户寻找其感兴趣的内容。《抖音电商生态发展报告》中关于产品的内容类目如图 2-4 所示，在其中可以看到很多细分的话题。

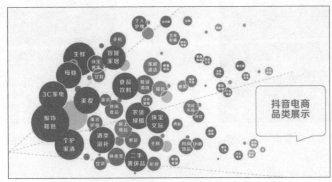

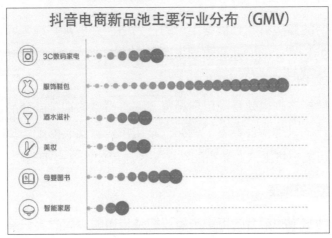

图 2-4　关于产品的内容类目

给内容添加话题，简单来说就是对内容进行分类。通过算法机制给内容添加话题，不仅准确而且效率很高。例如，如果运营者发布的是美食分享类型的视频，那么算法机制就会给该内容打上"美食"的话题，如图 2-5 所示，用户搜索"美食"关键词时，系统就会推荐该视频。如果运营者发布的是可爱类型的视频，那么算法机制就会给该内容打上"可爱"的话题，如图 2-6 所示。

图 2-5　美食分享类视频

图 2-6　可爱类型的视频

2. 给用户贴标签

抖音平台的算法机制会根据用户的行为路径分析其兴趣爱好，再给用户贴上相对应的标签，同时还会根据用户的使用习惯不断去调整并优化这个标签，最终形成用户画像。

给用户贴标签，也就是说用户浏览了哪些类型的视频或商品，相应地就会获取到自己的兴趣偏好标签。例如，某用户爱看女装搭配类型的视频，那便有极大的可能被打上"女装搭配"标签，流程如图 2-7 所示。

3. 智能标签推送

字节跳动旗下的平台的用户账号数据是相通的，同时会记录用户在不同应用中的标签，并以用户为中心来智能化地推送内容。字节跳动旗下的部分热门产品如图 2-8 所示。

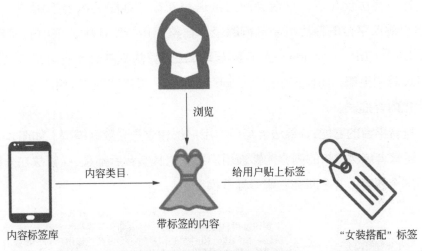

浏览

内容类目

给用户贴上标签

内容标签库

带标签的内容

"女装搭配" 标签

图 2-7 给用户贴标签的流程

图 2-8 字节跳动旗下的部分热门产品

当用户通过今日头条号登录抖音平台后，字节跳动平台的数据库会将用户的今日头条号标签同步到抖音平台，并根据今日头条的用户画像匹配与标签对应的内容，智能推送给用户。

此后，用户在刷抖音的过程中，算法机制会再次记录用户的点赞、评论和转发等行为，为其贴上其他的新标签。最后，平台通过不断的智能优化标

签，得出属于抖音平台的新的用户画像。

通过算法优化后，平台会同时推送与新标签匹配的内容给用户，这便是字节跳动平台的算法机制运行路径。在整个运行路径中，采用的都是 AI（Artificial Intelligence，人工智能）算法，算法机制会实时对用户的标签进行计算和更新，而且这个过程是周而复始的，最终实现"以用户为中心"的个性化内容推送。

抖音平台的智能 AI 算法会给所有用户都建立一套数据模型，如图 2-9 所示。运营者每次发布的内容能够被用户看到，其实背后都是 AI 算法在分析和学习这个内容，并不断完善账号标签模型。

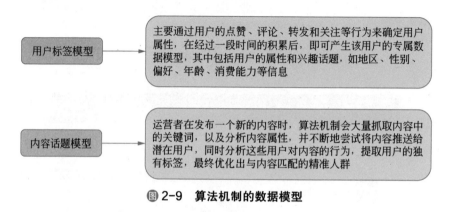

用户标签模型 → 主要通过用户的点赞、评论、转发和关注等行为来确定用户属性，在经过一段时间的积累后，即可产生该用户的专属数据模型，其中包括用户的属性和兴趣话题，如地区、性别、偏好、年龄、消费能力等信息

内容话题模型 → 运营者在发布一个新的内容时，算法机制会大量抓取内容中的关键词，以及分析内容属性，并不断地尝试将内容推送给潜在用户，同时分析这些用户对内容的行为，提取用户的独有标签，最终优化出与内容匹配的精准人群

图 2-9　算法机制的数据模型

也就是说，运营者的内容话题越精准，建立数据模型的时间越短，发布的内容越容易得到精准流量，不管是涨粉还是赢利都会更快。

4. 赛马（漏斗）机制

运营者在抖音平台发布内容后，平台会根据其账号权重给予一定的初始推荐流量，如自己的粉丝和附近的人，然后再根据用户标签与内容话题进行智能分发。抖音平台的算法机制如同一种流量赛马机制，也可以看作一个漏斗模型，如图 2-10 所示。

运营者发布内容后，抖音平台会将同一时间发布的所有视频放到一个池子里，给予一定的基础推荐流量，然后根据这些流量的反馈情况进行数据筛选，选出分数较高的内容，将其放到下一个流量池中，而数据差的内容，系统暂时就不会再推荐了。

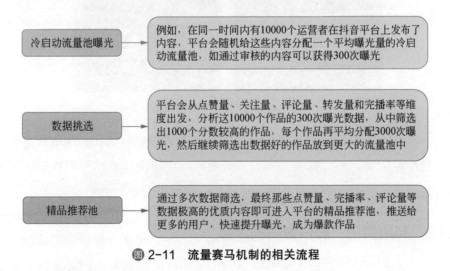

8次曝光	3000万左右曝光量
7次曝光	1000万左右曝光量
6次曝光	200万左右曝光量
5次曝光	50万左右曝光量
4次曝光	10万左右曝光量
3次曝光	1万左右曝光量
2次曝光	3000左右曝光量
首次曝光	300左右曝光量

图 2-10　赛马（漏斗）机制

也就是说，在抖音平台上，内容的竞争像赛马一样，通过算法将差的内容淘汰掉，留下优质的内容。流量赛马机制的相关流程如图 2-11 所示。

冷启动流量池曝光	例如，在同一时间内有10000个运营者在抖音平台上发布了内容，平台会随机给这些内容分配一个平均曝光量的冷启动流量池，如通过审核的内容可以获得300次曝光
数据挑选	平台会从点赞量、关注量、评论量、转发量和完播率等维度出发，分析这10000个作品的300次曝光数据，从中筛选出1000个分数较高的作品，每个作品再平均分配3000次曝光，然后继续筛选出数据好的作品放到更大的流量池中
精品推荐池	通过多次数据筛选，最终那些点赞量、完播率、评论量等数据极高的优质内容即可进入平台的精品推荐池，推送给更多的用户，快速提升曝光，成为爆款作品

图 2-11　流量赛马机制的相关流程

5. 让内容更贴近算法

了解了抖音平台的算法机制和话题匹配原理之后，运营者可以对自己内容的垂直度进行调整，让算法更好地去给内容和账号添加话题，从而获得更多的推荐流量。

例如，"装修"类的作品视频，如图 2-12 所示。首次进入流量池后，算

法系统根据其品类将其放到"装修"分类池中。然后，算法系统会抓取内容中的关键词，如"装修"，并匹配用户数据中带有"装修"标签的用户，进行小量级的试探推荐，观察用户是否有兴趣观看以及是否有良性反馈。若用户反馈较好，则继续扩大量级推荐，并根据"装修"等关联更多的关键词和用户标签。

图 2-12　"装修"类的作品

因此，运营者需要对作品的标题、封面、内容等进行优化，让内容话题的垂直精准度更高，从而获得更多的播放量。这样也能让自己的内容推送到更大的精品流量池中，触及更多的目标用户，涨粉的速度也会更快。

2.1.3　利用算法，提升账号的流量

抖音平台的算法机制和平台的推荐规则可以画上等号。运营者只需要搞懂两个问题即可，那就是算法机制是如何推荐内容的，以及算法机制为什么会推荐该内容。

抖音平台的算法机制，其核心在于权重，因此运营者需要持续输出垂直领域的内容，吸引到精准用户的关注，这样才能获得算法的加持，从而形成正面循环，获得源源不断的流量。下面将为大家详细解读提升流量的四大策略。

1. 去中心化算法

传统的互联网平台或电商平台，它们都是直接给用户推荐当前的热门内容，或者推荐用户关注的运营者发布的内容。微博热搜榜如图2-13所示，可以看到在"文娱榜"板块中的实时热点资讯。

图 2-13　微博热搜榜

某微信公众号发布的内容如图 2-14 所示，所有关注该公众号的粉丝收到的内容都是相同的。

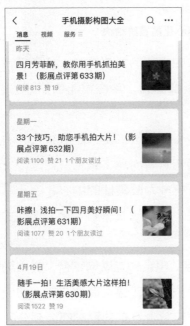

图 2-14　某微信公众号发布的内容

也就是说，传统的数据库系统都存在一个共同点，它们中间有一个管理

者，对数据库的存储和维护工作全权负责，这就是"中心节点"，如新浪微博或微信公众号等。中心节点不仅保存了所有的数据，而且其他节点产生的所有数据也都需要通过它来进行处理，如图 2-15 所示。

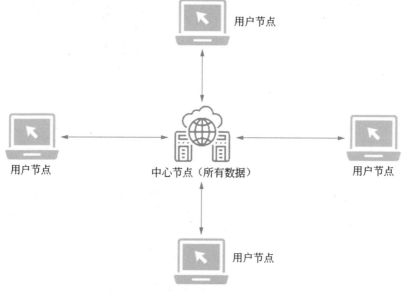

图 2-15　中心化的系统结构

字节跳动旗下的应用都是采用去中心化的算法机制，抖音平台当然也不例外。字节跳动的首款应用今日头条推出后，其在智能推荐算法的帮助下，快速占领了新闻媒体市场。

抖音平台继承了今日头条的去中心化算法机制，让所有入驻的运营者获得公平竞争流量的机会，让很多普通运营者实现了赢利。在这种去中心化的数据库系统中，任何一个节点都有可能成为阶段性的中心，因此没有了中心节点和用户节点的差异，从而打造成一个开放式、扁平化、平等式的网络结构，如图 2-16 所示。

过去，那些大的报纸、杂志、电视、电台和互联网平台，其市场通常被行业的头部人群所占据，流量也倾向于他们，普通人很难逆袭。如今，在抖音平台的去中心化算法机制下，对每个运营者发布的视频都会预分配一定的流量，以确保内容的多样性，而且不会偏袒少数人，每一个普通人都能得到平等展示的机会。

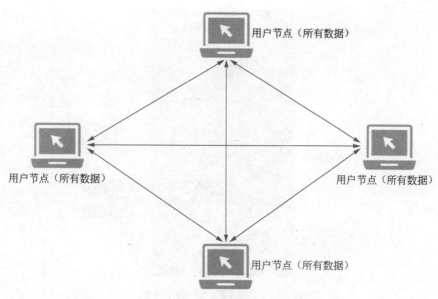

图 2-16 去中心化的系统结构

2. 利用好流量池

在抖音平台上，不管运营者有多少粉丝，内容质量是否优质，每个人发布的内容都会进入一个流量池。当然，运营者的内容是否能够进入下一个流量池，关键在于其内容在上一个流量池中的表现。

总的来说，抖音平台的流量池可以分为低级、中级和高级3类，平台会依据运营者的账号权重和内容的受欢迎程度来分配流量池。也就是说，账号权重越高，发布的内容越受用户欢迎，得到的曝光量也会越多。

因此，运营者一定要把握住冷启动流量池，要想方设法让自己的内容在这个流量池中获得较好的表现。通常情况下，平台评判内容在流量池中的表现，主要参照点赞量、关注量、评论量、转发量和收藏量这几个指标，如图 2-17 所示。

运营者发布视频后，可以通过自己的私域流量或者付费流量来增加视频的点赞量、关注量、评论量、转发量和收藏量。也就是说，运营者的账号是否能够做起来，这几个指标是关键因素。如果某个运营者连续7天发布的视频都没有人关注和点赞，甚至很多人看到封面后就直接不看了，那么算法系统就会判定该账号为低级号，给予的流量会非常少。

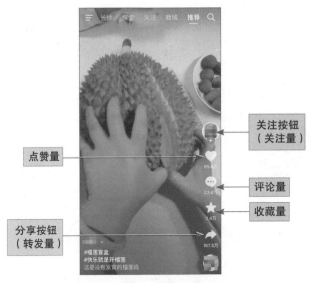

点赞量

关注按钮
（关注量）

评论量

收藏量

分享按钮
（转发量）

图 2-17　抖音的作品指标数据

如果某个运营者连续7天发布的视频播放量都维持在200～300次，则算法系统会判定该账号为最低权重号，同时将其发布的内容分配到低级流量池中。若该账号发布的内容持续30天播放量仍然没有突破，则同样会被系统判定为低级号。

如果某个运营者连续7天发布的视频播放量都超过1000次，则算法系统会判定该账号为热门号，这样的账号发布的内容只要随便跟随一个热点就能轻松上热门了。

运营者搞懂了抖音平台的算法机制后，即可轻松引导平台给账号匹配优质用户的话题，让账号权重更高，从而让内容分配到更多流量。

专家提醒

停留时长也是评判内容是否有上热门潜质的关键指标，用户在某个视频的停留时间很长，说明这个视频能够更好地吸引到他。

3. 获得叠加推荐

抖音平台给内容提供第一波流量后，算法机制会根据这波流量的反馈数据来判断内容的优劣，如果判定为优质内容，会给内容叠加分发多波流量，反之就不会再继续分发流量。

因此，抖音的算法系统采用的是一种叠加推荐机制。一般情况下，运营者发布视频后的前一个小时内，如果视频的播放量超过 5000 次、点赞量超过 100 个、评论量超过 10 个，算法系统会马上进行下一波推荐，叠加推荐机制的基本流程如图 2-18 所示。

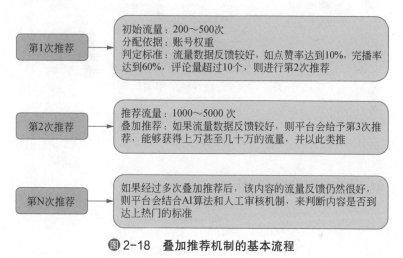

图 2-18 叠加推荐机制的基本流程

对于算法机制的流量反馈情况来说，各个指标的权重也是不一样的，具体为播放量（完播率）> 点赞量 > 评论量 > 转发量。运营者的个人能力是有限的，因此当内容进入到更大的流量池后，这些流量反馈指标就很难进行人工干预了。

专家提醒

许多运营者可能会遇到这种情况：自己拍摄的原创内容没有火，别人翻拍的作品却火了，这其中很大的一个原因就是账号的权重小。

运营者需要注意的是，千万不要走捷径去刷流量反馈数据，平台对于这种违规操作是明令禁止的，并会根据情况的严重程度，相应给予视频以及账号审核不通过、删除违规内容、内容不推荐、后台警示、限制上传视频、永久封禁等处理结果。

4. 不断复盘总结

运营者在了解了抖音平台的基本算法机制后，可以更好地把握自己创作

的内容的流量推荐流程。当然，这些只是基本功，后续获得流量的关键在于运营者的复盘、总结工作。运营者复盘总结的相关问题如图 2-19 所示。

图 2-19　复盘总结的相关问题

这些问题没有标准的答案，需要运营者根据自己的实际情况不断进行复盘，分析和总结出一套适用于自己的内容创作方法，从而对内容进行更好的优化。

2.2　利用数据捕捉热点

什么是热点？简而言之，就是当下大家都比较在意和关心的事。跟热点也叫借势营销，这是抖音运营者经常使用的方法。热点分为两种，一种是可预知的热点，如大型的赛事或者节假日、每届的世界杯总决赛。另一种是不可预知的热点，如社会重大新闻或者明星八卦。

为什么要学会跟热点呢？因为热点本身就自带传播属性，本身是大部分用户都关心的，所以热点的背后往往蕴藏着巨大的流量和关注度，热点与流量的关系密不可分。

2.2.1　热门素材，掌握视频的灵魂

抖音的素材大部分是视频和音乐相结合，其中音乐又是抖音的灵魂。相信玩过抖音的运营者都听过洗脑神曲《海草舞》，但是现在拍视频已经基本上没有人会采用《海草舞》的配音了，这是为什么呢？因为如果采用早就过时的音乐作为配音，对于用户来说已经产生审美疲劳了，抖音也很难大规模地去推送相关视频。

为了鼓励更多新鲜有趣的视频产出，抖音更愿意推荐当下比较火的音乐。运营者可以在搜索界面的音乐榜中寻找当下最热门的音乐，借助热点音乐进行创作。

音乐榜单上的热门歌曲迭代得也比较快，这就需要运营者时刻抓住热点、把握热门，利用数据分析去捕捉近期热门音乐，根据热门音乐去创作内容。运营者要锻炼自己跟随热点的能力，从而通过热门素材或者音乐实现引流。

以蝉妈妈数据平台为例，在音乐库页面中，运营者可以查看近期的热门音乐榜单，如图 2-20 所示。榜单提供了"时长""使用人数增量 / 趋势"和"总使用人数"的数据，帮助运营者判断音乐的热门程度。在"热门视频top3"栏中，可以查看在该热门配乐下排行前列的视频内容。

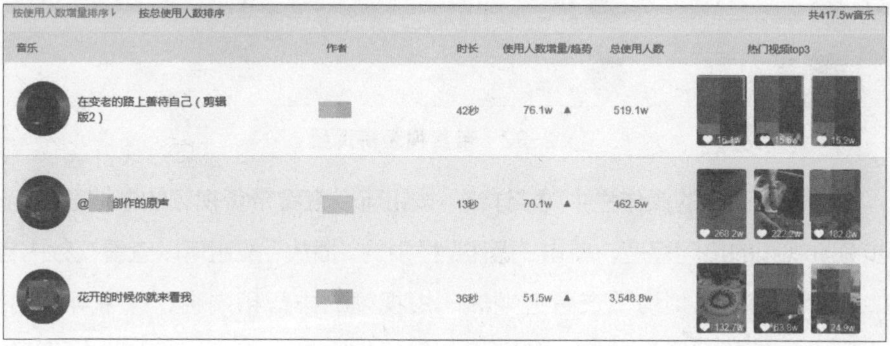

图 2-20　音乐库页面

运营者想要进一步了解热门音乐的数据情况，可以单击音乐名的按钮，进入该音乐的"数据分析"页面，如图 2-21 所示。该页面展示了"每日新增人数趋势"和"使用行业分布"的相关数据，这两项数据不仅是判断热门音乐的重要数据，也是运营者使用配乐的重要参考。

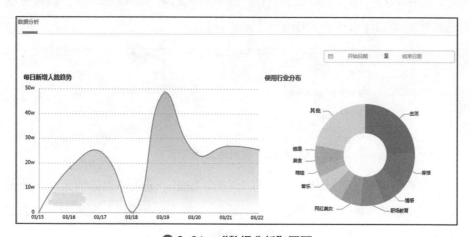

图 2-21　"数据分析"页面

在带货视频榜页面中，运营者可以查看带货视频数据榜单，如图 2-22 所示。榜单展示了视频的信息，以及"播放量""点赞数""转发数""评论数""销量""销售额"等数据。

排名	视频	达人	播放量	点赞数	转发数	评论数	销量	销售额	操作
1	卡通款按动可擦笔中性笔，写错字擦除还可以反复书 关联商品：[卡通按动可擦笔摩...	粉丝179.6w 03-22 08:55	138.4w	1.1w	458	320	4,935	4.9w	详情 播放
2	#___配音间 第1749期：好吃到吸手指的手撕裹牛 关联商品：[9.9元30g里脊肉	粉丝1,211w 03-22 15:30	159.5w	3.2w	205	650	2,470	2.4w	详情 播放
3	好咖啡这不就找来了嘛#春日 美食清单 #给自己一杯咖 关联商品：[品类日] 咖啡	粉丝26.1w 03-22 14:57	145.4w	7,561	2,695	658	2,439	2.4w	详情 播放
4	出门取件，必须消毒！我的___终于派上用场了 关联商品：___电动	粉丝6,937 03-22 11:31	852.1w	9.5w	8.3w	2.4w	1,632	1.6w	详情 播放

🖼 图 2-22 带货视频榜页面

单击相应商品的操作栏中的"详情"按钮可以查看带货视频的详细数据，进一步分析视频的热门程度，单击"操作"栏中的"播放"按钮可以查看视频内容。

运营者通过视频榜单查看近期热门短视频的排行和内容，从中寻找出视频内容中优质的创意和技巧，从而提高自身的内容生产水平，打造出更具吸引力的视频内容，增加电商的收益。

2.2.2 热点事件，捕捉高热度事件

在实时热点榜页面中，运营者可以查看最新和最热的事件数据，如图 2-23 所示。其中包括"热门视频数量"和"热点变化趋势"的数据情况，运营者根据这些数据情况可以轻松判断事件的热门程度。

排名	热点名称	热门视频数量	热点变化趋势	操作
1 -	记者用手轻轻挡住乘务员证件	5	1,091w ↗	详情
2 -	___追悼会同事前来送别	20	1,039.6w ↗	详情
3 -	___最新解读	37	949.8w ↗	详情
4 -	___记者会戴黑色领带	5	927.9w ↗	详情

🖼 图 2-23 实时热点榜页面

运营者可以单击"操作"栏中的"详情"按钮，进入热点详情页面。页面分为"热点趋势"和"受众分析"两个板块。在"热点趋势"板块中，提供了热点事件的热度随时间变化的趋势图，如图 2-24 所示。

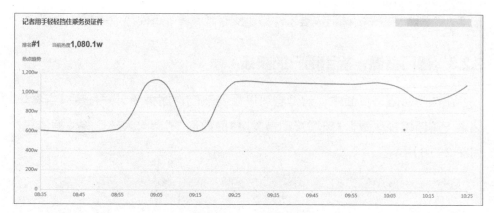

图 2-24　热点趋势图

在"受众分析"板块中，展示了热点事件下用户画像的数据情况，如图 2-25 所示。页面中包括"画像概览""性别分布""年龄分布""地域分布"4 个方面的内容。

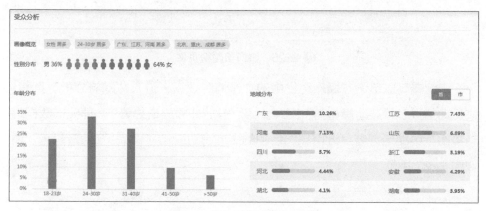

图 2-25　"受众分析"板块

运营者可以通过对热点事件的数据进行分析，寻找近期的热门焦点，把握时下的流行动态。根据热点制作的视频内容，才能获得不错的推广效果。

需要注意的是，结合热点事件制作内容时，一定要符合账号的内容定位和运营者的人设定位。比如，针对奥运夺冠这个热点事件，作为体育领域的运营者可以去制作相关的内容，但是作为游戏领域的运营者，这个热点最好不要去跟随。因为这样的热点事件视频会让该领域的运营者的账号不够聚焦，无法对用户形成持续的吸引力，而且可能会降低用户黏性。

总之，运营者对于热点一定要会学取舍，结合自己的定位，不要盲目追求

热度。特别需要注意：调侃灾难事件和违反道德底线等事件热点千万勿"蹭"！

2.2.3　热门话题，吸引用户的视线

在热门话题榜页面中，运营者可以查看热门话题排序，并且可以查看该话题下"新增视频数""新增互动量""总播放量""参与人数"等数据情况，如图 2-26 所示。

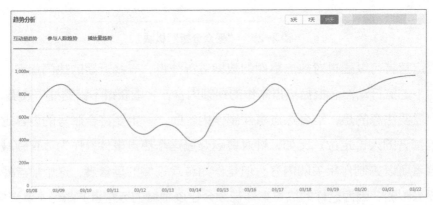

图 2-26　热门话题榜页面

运营者可以单击"操作"栏中的"详情"按钮，进入"趋势分析"页面。该页面提供了"互动量趋势""参与人数趋势""播放量趋势"3 种关键数据的趋势图，帮助运营者对近期热门话题的走向有直观的了解。"互动量趋势"图如图 2-27 所示。

图 2-27　"互动量趋势"图

运营者可以通过热门话题榜查看当前热门短视频话题，并在短视频发布

过程中添加对应的话题，从而吸引更多对该话题感兴趣的用户的关注，提高短视频的热度。

2.2.4 热门达人，学习他人的长处

下面针对"视频达人指数榜"和"视频种草指数榜"这两个榜单进行详细讲解，这两个榜单与抖音账号运营以及抖音电商息息相关，可以帮助运营者及时了解抖音电商的市场生态，并学习其中的热门达人。

视频达人指数榜单会综合评估创作者近期作品的有效视频数据、性价比、信用分、有效涨粉、种草指数等数据，对达人进行排序，以内容数据为主要衡量标准。榜单提供了"星图指数"和"粉丝数"的数据，在"分类"栏可以了解该达人主要的带货品类，如图 2-28 所示。

排名	达人	星图指数	粉丝数	分类
1	▇▇▇▇ 日▇	90.8	213.8w	家居家装
2	▇▇▇▇ 日▇	90.8	55.8w	剧情搞笑
3	●▇▇ 日▇	90.6	2,620w	颜值达人
4	▇ 日▇	89.4	1,057.7w	剧情搞笑
5	●▇▇ 日▇	89.1	236.6w	测评

图 2-28　视频达人指数榜

这份榜单中的达人综合能力高，商业价值不俗，是运营者了解抖音带货市场和制作视频内容的最佳途径。

视频种草指数榜会综合评估创作者内容的点击、成交、内容播放、互动等数据，根据达人的种草能力进行排序。这份榜单中的达人具有很强的种草能力以及较高的商业转化率，不论是短视频带货还是直播带货，运营者都可以从中学习带货视频的思路、直播间带货的流程、带货选品等知识。视频种草指数榜如图 2-29 所示。

抖音电商达人的热门拍摄形式也是值得运营者们去学习的，市面上有很多创意拍摄模版，运营者可以结合自己的内容和优势来跟一波热点。当然，运营者也可以关注一些创意拍摄软件，找一些新奇好玩的模板率先尝试，这样也有可能带动一波热潮，获取巨大收益。

排名	达人	种草指数	粉丝数	分类
1	日	93	3,349.9w	生活
2	日	92.5	1,837.8w	美妆
3	日	91.9	1,168.3w	时尚
4	日	91.7	1,113.6w	情感
5	日	91.4	329.7w	时尚

图 2-29　视频种草指数榜

2.2.5　热销商品，明确选品的思路

抖音电商带货，选品无疑是一个关键。只有运营者提供的产品是用户想要购买的，用户才会愿意进行下单。因此，通过对热销商品的数据进行分析，就可以清楚掌握抖音电商选品的关键思路。

在抖音销量榜页面中，运营者可以查看抖音电商近期的热销商品排名及数据，包括"佣金比例""昨日销量（件）""销售额""月销量（件）""30 天转化率"等数据，如图 2-30 所示。

排名	商品	价格	佣金比例	昨日销量(件)	销售额	月销量(件)	30天转化率	操作
1	手斯肉脯 1包0.33元 猪肉腊肉干类特产零食大礼包	¥0.33 抢购	28%	35.5w	11.7w	117.2w	100.00%	∿
2	【枣农直销】天然无添加 去核 嘎嘣脆枣 160G/包	¥49.00 抢购	0%	9.5w	466.2w	9.5w		∿
3	春夏款儿童口罩四层透气双层 焖晒一次性宝宝卡通印花3D…	¥5.60 视频	20%	8.2w	46.1w	94.5w	40.43%	∿
4	【主播定粉】（80抽大包一包 一斤多）婴儿湿巾纸手口屁…	¥0.05 视频	5%	7.3w	3,663.90	45.9w	100.00%	∿
5	【主播定粉】100颗盒装洗衣凝 珠超浓缩家用洗衣液留香珠…	¥0.10 抢购	32%	7.2w	7,216.40	210.3w	100.00%	∿

图 2-30　抖音销量榜页面

运营者单击"操作"栏中的"∿"按钮，可以查看热销商品的数据详情，进一步分析该商品的销量趋势。通过这些数据分析可以帮助运营者判断市场上热销商品的带货情况和市场竞争的情况，以及评估投入商品的风险系数。

当然，运营者带货这些热销商品可能会面临市场竞争激烈、带货内容同质化等问题。因此，运营者可以选择竞争较小并且符合自身账号定位的热销商品进行带货，也可以另辟蹊径，用独特的思路和新颖的内容从激烈的市场竞争中突围而出，虽然风险系数较高，但一旦突围而出，获得的收益也是巨大的。

第 3 章

引流吸粉：
精准的引流技巧

学前提示

抖音平台中为运营者提供了许多引流的方法，运营者可以利用这些方法吸引用户的关注、刺激用户需求。并且，通过产品展示更好地引导用户购物，推动用户购买商品。本章就来为大家介绍抖音引流的具体方法。

要点展示

·抖音引流的具体方法 ·使用抖音相关功能引流

3.1 抖音引流的具体方法

在互联网中，只要有了流量，赢利就不是难题了。而如今的抖音，就是一个坐拥庞大流量的平台。运营者只要运用一些小技巧，就可以吸引到相当大的流量；有了流量，就可以更好地进行赢利。

本节将介绍抖音引流的 9 种方法，帮助运营者快速成长并实现引流。

3.1.1 广告引流，视频内容获得海量曝光

在抖音中有 3 种广告形式，这 3 种广告形式既是在进行广告营销，也可以让视频内容获得海量曝光和精准触达。接下来将分别进行解读。

1. Topview 超级首位

Topview 超级首位是一种由两种广告类型组成的广告形式。它由两个部分组成，即前面几秒的抖音开屏广告和之后的信息流广告。

"小米手机"发布的一条广告如图 3-1 所示，可以看到其一开始是以抖音开屏广告的形式展现的（左侧），而播放了几秒钟之后，就变成了信息流广告（右侧），直到该视频播放完毕。很显然，这条短视频运用的就是 Topview 超级首位。

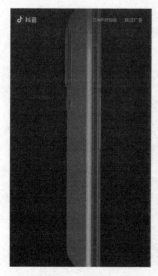
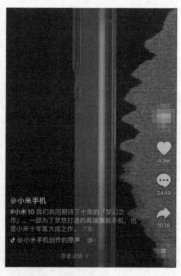

图 3-1　Topview超级首位的运用

从形式上来看，Topview 超级首位很好地融合了开屏广告和信息流广告的优势。既可以让抖音用户在打开抖音App的第一时间就看到广告内容，也能通过信息流广告对内容进行完整的展示，并引导抖音用户了解广告的详情。

2. 开屏广告

开屏广告，顾名思义，就是打开抖音就能看到广告内容的一种广告形式。开屏广告的优势在于，用户一打开抖音App就能看到，所以广告的曝光率较高。其缺点则体现在相较于其他广告，开屏广告呈现的时间较短，因此可以呈现的内容较为有限。开屏广告的运用示例如图 3-2 所示。

图 3-2　开屏广告的运用

按照内容的展示形式，开屏广告可细分为3种，即静态开屏（一张图片到底）、动态开屏（中间有图片的更换）和视频开屏（以视频的形式呈现广告内容）。运营者以及商家可以根据自身需求，选择合适的展示形式。

3. 信息流体系

信息流体系就是一种通过视频传达信息的广告内容模块。运用信息流体系模块的短视频，其文案中会出现"广告"字样，而抖音用户点击视频中的链接，就可以跳转至目标界面，从而达到营销的目的。

信息流广告的运用案例如图 3-3 所示，用户只需点击短视频中的"查看详情"或者"限时抢购"按钮，便可以跳转至相应的购物 App 进行详情了解以及商品抢购。这种模块的运用，不仅可以实现信息的营销推广，还能简化用户购买产品的步骤。

图 3-3　信息流广告的运用

3.1.2　合拍引流，跟随热点拍摄视频

运营者可以借助抖音的"合拍"功能，利用平台上自己账号原有的视频或其他运营者发布的视频进行引流。所谓"合拍"，就是在一个短视频的基础上，再拍摄另一个短视频，然后这两个短视频会分别在屏幕的左右两侧或者上下两侧同时呈现。下面就来对抖音"合拍"短视频的具体操作进行说明。

步骤 01 进入需要"合拍"的短视频播放界面，点击"➦"按钮，如图 3-4 所示。

步骤 02 弹出"分享给朋友"对话框，点击"合拍"按钮，如图 3-5 所示。

步骤 03 进入抖音的拍摄界面，画面左侧会出现要拍摄的视频内容，右侧则是原视频的画面。点击界面中的"◎"按钮，如图 3-6 所示，进行视频的拍摄。

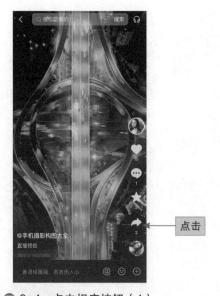

图 3-4　点击相应按钮（1）

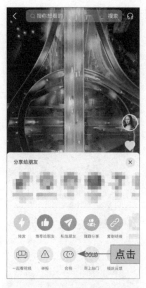

图 3-5　点击"合拍"按钮

步骤 04　拍摄完成后，点击"〇"按钮，如图 3-7 所示。

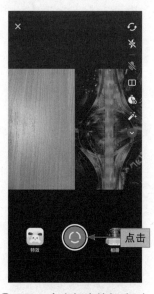

图 3-6　点击相应按钮（2）

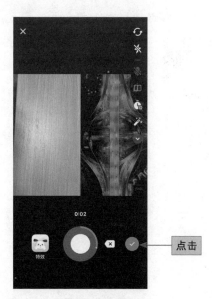

图 3-7　点击相应按钮（3）

步骤 05　进入视频预览界面，在界面中查看视频内容。确认内容无误后，点击"下一步"按钮，如图 3-8 所示。

步骤 06　进入视频发布界面，在界面中设置视频的相关信息。设置完成

后，点击"发布"按钮，如图 3-9 所示。

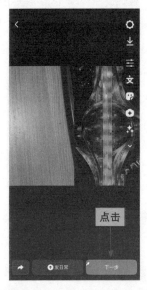

图 3-8　点击"下一步"按钮

图 3-9　点击"发布"按钮

步骤 07　操作完成后，自动进入"朋友"界面，在此界面左上方会显示"合拍"短视频的上传进度，如图 3-10 所示。

步骤 08　视频上传完成后，如果"朋友"界面中播放刚刚上传的"合拍"视频，就说明"合拍"短视频发布成功了，如图 3-11 所示。

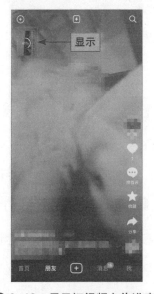

图 3-10　显示短视频上传进度

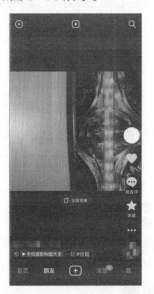

图 3-11　"合拍"短视频发布成功

3.1.3　评论引流，引导用户的情绪

许多用户在看抖音视频时，会习惯性地查看评论区的内容。再加上用户如果觉得短视频内容比较有趣，还会通过在评论区 @ 想要分享的抖音账号，吸引其他用户前来观看该视频。因此，如果运营者的评论区利用得当，可以起到不错的引流效果。

短视频中能够呈现的内容相对有限，这就有可能出现一种情况，那就是有些内容需要进行一些补充。此时，运营者便可以通过评论区的自我评论来进行进一步的表达。另外，在短视频刚发布时，可能看到该视频的用户不是很多，也不会有太多用户评论。如果此时运营者进行自我评论，也能从一定程度上提高短视频评论量。

除了自我评论补充信息之外，运营者还可以通过回复评论来解决用户的疑问，引导用户的情绪，从而提高产品的销量。

回复抖音评论看似是一件再简单不过的事，实则不然。为什么这么说呢？这主要是因为在抖音回复评论时还有一些需要注意的事项，具体如下。

1. 第一时间回复评论

运营者应该尽可能地在第一时间回复用户的评论，这主要有两个方面的好处。一是快速回复用户能够让用户感觉到运营者对于视频内容以及用户的重视，这样自然能增加用户对运营者和运营者账号的好感；二是及时回复评论能够从一定程度上增加短视频的热度，让更多用户看到运营者的短视频。

那么，运营者如何才能做到第一时间回复评论呢？一种比较有效的方法就是在短视频发布后的一段时间内，关注且及时查看用户的评论。一旦发现有新的评论，便在第一时间作出回复。

2. 不要重复回复评论

对于同一个问题，运营者不要重复进行回复。因为很多运营者的评论中或多或少会有一些营销的痕迹，如果重复回复，那么整个评价界面便会看到很多疑似广告的内容，这些内容往往会让用户产生反感情绪。

对于相似的问题，点赞相对较高的问题会排到评论的靠前位置，运营者

只需在点赞数较高的问题下进行回复，其他有相似问题的用户自然就能看到。而且，这还能减少运营者的工作量，节省大量的时间。

3. 注意规避敏感词汇

对于一些敏感的问题和敏感的词汇，运营者在回复评论时一定要尽可能规避。如果避无可避，也可以采取迂回战术，如不对敏感问题作出正面的回答，或者用一些其他意思相近的词汇或用谐音代替敏感词汇等。

3.1.4 互推引流，双方获得流量收益

互推就是互相推广的意思。大多数运营者在运营过程中，都会获得一些粉丝，只是粉丝量可能并不是很多。此时，运营者便可以通过与其他运营者进行账号互推，让更多用户看到你的抖音号，从而提高抖音号的传播范围，让抖音号获得更多的流量。

在抖音平台中，互推的方法有很多，其中比较直接、有效的一种互推方法就是在短视频的文案中互相@，用户在看到相关短视频之后，也能看到互推的账号。

3.1.5 矩阵引流，增强营销的效果

抖音矩阵就是通过多个账号的运营进行营销推广，从而达到增强营销的效果，获取稳定的流量。抖音矩阵可分为两种，一种是个人抖音矩阵，即运营者同时运营多个抖音号，组成营销矩阵；另一种是多个具有联系或共性的运营者组成一个矩阵，共同进行营销推广。

例如，旺旺这一品牌通过打造多个账号来建立营销矩阵，且每个抖音号都拥有一定数量的粉丝，如图 3-12 所示。

图 3-12　账号矩阵的打造

3.1.6 分享转发，分享至其他的平台

抖音中有分享、转发的功能，运营者可以借助该功能，将抖音短视频分享至对应的平台，从而达到将其他 App 用户引流至抖音的目的。那么，如何借助抖音的分享转发功能进行引流呢？下面就对具体的操作步骤进行说明。

步骤 01 登录抖音 App，进入需要转发的短视频的播放界面，点击"➡"按钮，如图 3-13 所示。

步骤 02 操作完成后，弹出"分享给朋友"对话框。在该对话框中，点击"复制链接"按钮，如图 3-14 所示。

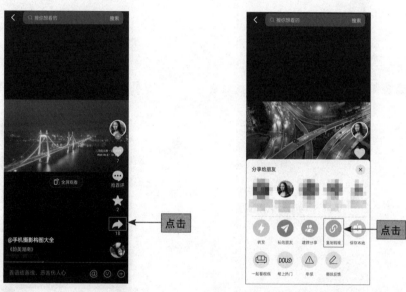

图 3-13　点击相应按钮　　　　图 3-14　点击"复制链接"按钮

步骤 03 以将短视频分享给微信好友为例，进入微信 App，选择需要分享短视频的对象，如图 3-15 所示。

步骤 04 进入微信聊天界面，❶ 粘贴短视频链接到输入栏中；❷ 点击"发送"按钮，如图 3-16 所示。

步骤 05 执行操作后，聊天界面中便会出现短视频链接，如图 3-17 所示。如果微信好友想要查看该视频，可以复制这条短视频口令。

步骤 06 复制链接后，进入抖音 App 的"推荐"界面，界面中会弹出一个对话框，点击"打开看看"按钮，如图 3-18 所示，即可进入该视频的播放界面。

图 3-15　选择需要分享短视频的对象

图 3-16　点击"发送"按钮

图 3-17　聊天界面出现短视频链接

图 3-18　点击"打开看看"按钮

3.1.7　收藏引流，用户自发分享给好友

抖音平台为用户提供有收藏功能，运营者可以借助该功能收藏自己发布

的短视频，并在合适的时候将短视频分享给好友。具体来说，运营者可以通过如下步骤收藏并分享短视频。

步骤 01 登录抖音 App，进入需要收藏并分享的短视频播放界面，点击 ★ 按钮，如图 3-19 所示。

步骤 02 操作完成后，界面中会显示"收藏成功"，如图 3-20 所示。

步骤 03 操作完成后，❶点击"我"按钮；❷进入"我"界面，切换至"收藏"选项卡；❸在"视频"选项区中，选择刚刚收藏的短视频，如图 3-21 所示。

图 3-19　点击相应按钮（1）

图 3-20　显示"收藏成功"

图 3-21　选择刚收藏的短视频

步骤 04 操作完成后，即可进入刚刚收藏的短视频的播放界面，点击➡按钮，如图 3-22 所示。

步骤 05 操作完成后，弹出"分享给朋友"对话框，在此对话框中选择需要分享的对象，如图 3-23 所示。

步骤 06 操作完成后，❶在文本框中输入想发送给对方的话；❷点击"私信发送"按钮，如图 3-24 所示。

步骤 07 操作完成后，进入抖音聊天界面。如果界面中出现刚刚分享的短视频的封面，就说明收藏的短视频分享成功了，如图 3-25 所示。而抖音好

友看到运营者分享的短视频封面之后，只需点击封面，便可以进入该短视频的播放界面了。这样一来，运营者便可以将抖音好友变成短视频的流量了。

图 3-22　点击相应按钮（2）

图 3-23　选择需要分享的对象

图 3-24　点击"私信发送"按钮

图 3-25　收藏的短视频分享成功

3.1.8　抖音码引流，分享给其他平台的好友

抖音码实际上就是根据短视频链接生成的二维码，运营者将抖音码分享

出去之后，用户便可以通过抖音"扫一扫"功能，进入短视频的播放界面。具体来说，运营者可以通过如下步骤，借助抖音码进行引流。

步骤 01 登录抖音App，进入需要分享的短视频的播放界面，点击" ➤ "按钮，如图 3-26 所示。

步骤 02 操作完成后，弹出"分享给朋友"对话框，点击对话框中的"生成图片"按钮，如图 3-27 所示。

步骤 03 操作完成后，界面中会出现短视频的二维码图片和"分享到"对话框。例如，运营者要将短视频分享给微信好友，便可以点击对话框中的"微信好友"按钮，如图 3-28 所示。

图 3-26 点击相应按钮（1）

图 3-27 点击"生成图片"按钮

图 3-28 点击"微信好友"按钮

步骤 04 自动跳转至微信App中，选择需要分享的对象，如图 3-29 所示。

步骤 05 进入微信聊天界面，发送短视频二维码图片，如图 3-30 所示。

步骤 06 微信好友看到短视频二维码之后，如果想要查看短视频，可以保存该二维码，并进入抖音的"首页"界面，点击左上角的" ☰ "按钮，如图 3-31 所示。

图 3-29　选择分享对象

图 3-30　发送短视频
二维码图片

图 3-31　点击相应
按钮（2）

步骤 07 操作完成后，点击 按钮，如图 3-32 所示。

步骤 08 进入扫一扫界面，点击界面中的"相册"按钮，如图 3-33 所示。

步骤 09 进入"所有照片"界面，选择保存的短视频二维码，如图 3-34
所示。

图 3-32　点击相应
按钮（3）

图 3-33　点击"相册"
按钮

图 3-34　选择短视频
二维码

步骤 10 操作完成后，微信好友便可以进入运营者分享的短视频的播放界面。而这样一来，运营者便可以借此为分享的短视频获得一定的流量了。

3.1.9 SEO引流，内容获得快速传播

SEO（Search Engine Optimization，搜索引擎优化），它是指通过对搜索引擎规则的利用来获得更多流量，从而实现自身的营销目标。所以，说起SEO，许多人首先想到的可能就是搜索引擎的优化，如百度平台的SEO。

其实，SEO 不只是搜索引擎独有的运营策略。抖音短视频同样是可以进行 SEO 优化的。运营者可以通过对抖音短视频的内容运营，让相关内容获得快速传播。

抖音短视频 SEO 优化的关键就在于视频关键词的选择。而视频关键词的选择又可细分为两个方面，即关键词的确定和使用，下面进行具体说明。

1. 视频关键词的确定

用好关键词的第一步就是确定合适的关键词。通常来说，关键词的确定主要有以下两种方法。

（1）根据内容确定关键词。什么是合适的关键词？首先应该是与抖音号的定位以及短视频内容相关的。否则，用户即便看到了短视频，也会因为内容与关键词不对应而直接滑过，选取的关键词就没有太多积极意义。

（2）通过预测选择关键词。除了根据内容确定关键词之外，运营者还要学会预测关键词。抖音用户在搜索时所用的关键词可能会呈现阶段性的变化。具体来说，许多关键词都会随着时间的变化而产生不稳定的变化。抖音运营者在选取关键词之前，需要先预测用户可能会搜索的关键词。

社会新闻是人们关注的重点，当社会新闻出现后，会出现一大波新的关键词，搜索量高的关键词就叫热点关键词。因此，抖音运营者不仅要关注社会新闻，还要会预测热点，抢占最有竞争力的时间预测出热点关键词，并将其用于抖音短视频中。

预测关键词的 4 个方面如图 3-35 所示。

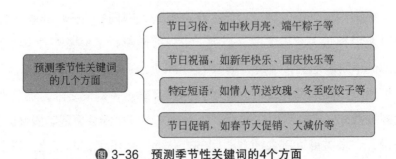

图 3-35　预测社会热点关键词的4个方面

除此之外，即便搜索同一类物品，抖音用户在不同时间段选取的关键词仍有可能会有一定的差异性。也就是说，抖音用户在搜索关键词的选择上可能会呈现出一定的季节性。因此，抖音运营者需要根据季节性，预测用户搜索时可能会选取的关键词。

值得一提的是，关键词的季节性波动比较稳定，主要体现在季节和节日两个方面，如用户在搜索服装类内容时，可能会直接搜索包含四季名称的关键词，即春装、夏装等；节日关键词会包含节日名称，即春节服装、圣诞装等。

季节性的关键词预测还是比较容易的，运营者除了可以从季节和节日名称上进行预测，还可以从以下方面进行预测，如图 3-36 所示。

```
                    ┌─ 节日习俗，如中秋月亮，端午粽子等
   预测季节性关键词   │   节日祝福，如新年快乐、国庆快乐等
   的几个方面       ┤   特定短语，如情人节送玫瑰、冬至吃饺子等
                    └─ 节日促销，如春节大促销、大减价等
```

图 3-36　预测季节性关键词的4个方面

2. 视频关键词的使用

在添加关键词之前，抖音运营者可以通过查看朋友圈动态、微博热点等方式，抓取近期的高频词汇，将其作为关键词嵌入抖音短视频的内容中。

需要特别说明的是，运营者统计出近期出现频率较高的关键词后，还需了解关键词的来源，只有这样才能让关键词用得恰当。

除了选择高频词汇之外，运营者还可以通过在账号的介绍信息和短视频文案中增加关键词的使用频率，让其内容尽可能地与自身业务直接联系起来，从而带给抖音用户一种专业的感觉。

3.2 使用抖音相关功能引流

在抖音平台内部进行引流，除了了解具体的引流方法之外，运营者还需要懂得利用抖音平台的实用功能进行营销推广，为视频的曝光量助力。本节将对抖音平台中的5种引流功能分别进行解读。

3.2.1 同城定位，吸引同城的用户

抖音App中有一个同城板块，用户在该板块中可以查看与自身同城的短视频和直播。例如，当运营者处于湖南省长沙市时，同城板块的名称将直接显示为"长沙"。

点击"长沙"按钮，进入"长沙"界面，可查看同城的短视频和直播；在同城界面的下方有五大板块，用户可以选择感兴趣的板块进行观看，如图3-37所示。

图 3-37 同城界面下方的5大板块

运营者借助"同城"功能，能加速短视频的传播，提升用户对于运营者的亲切感，继而提高用户对于运营者的信任，更好地进行短视频带货以及实现赢利。那么，运营者要如何利用"同城"功能，更好地进行短视频带货以及实现赢利呢？其中一个关键，就是对发布的短视频进行定位。

具体来说，运营者可以在短视频发布界面中，选择"你在哪里"选项，如图 3-38 所示。操作完成后，运营者便可以手动进行定位。手动定位完成后，如果⊙后方显示的是定位地点的名称，就说明定位操作成功了，如图 3-39 所示。

图 3-38　选择"你在哪里"选项　　图 3-39　定位操作成功

定位成功之后，运营者点击"发布"按钮，发布视频成功后，视频就可能会被同城的用户看到了，以此增加了提升视频曝光量的机会。

3.2.2　朋友功能，借助朋友进行引流

抖音 App 中有一个"朋友"板块，用户可以点击"朋友"按钮，进入"朋友"界面，查看朋友发布的短视频，如图 3-40 所示。

"朋友"功能和微信朋友圈相似，只有成为彼此的好友（即互相关注）才能看到对方发布的短视频内容。也就是说，如果运营者想要更好地借助"朋友"功能进行引流，还得想办法增加抖音好友的数量。

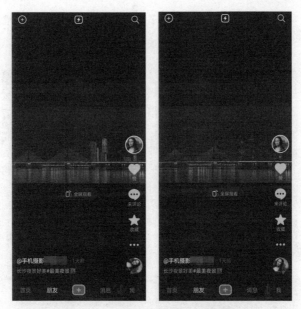

图 3-40　查看朋友发布的短视频

　　运营者在抖音平台发布作品后，好友会优先刷到作品，也就意味着好友是一种"默认流量"，即不需要运营者引流也能查看到视频的用户。此时，运营者可以通过好友向其他用户传播视频，提高短视频的流量，从而实现引流。

3.2.3　商场功能，简单高效的消费路径

　　抖音 App 中有"货找人"和"人找货"两种消费路径。"货找人"是指运营者主动对商品进行营销推广，吸引用户购买商品；"人找货"则是指用户主动寻找并购买商品。

　　"兴趣电商"这个概念提出来之前，抖音官方、商家和运营者基本都是从"货找人"的消费路径来发展电商的。具体来说，抖音平台中推出了许多营销推广功能，助力商家和运营者推广商品；商家通过上传商品并寻找带货运营者推广商品，从而让更多用户购买商品；运营者则通过在抖音平台上发布内容来推广商品，获得带货收入。

　　某带货运营者发布的商品推广短视频如图 3-41 所示。该短视频通过展示商品，并提供便利的购买途径（用户点击购物车链接，即可在弹出的窗口

中购买商品）来方便用户购买商品，这便是从"货找人"的消费路径来进行带货。

图 3-41　某带货达人发布的商品推广短视频

"兴趣电商"概念提出来之后，抖音官方在"人找货"的消费路径上发力，其中一个重大的举措就是在"首页"界面中推出了购物这一功能，即"商城"板块。

商家上传到抖音平台上的商品和运营者发布的商品推广内容，都可以从"商城"板块中搜索到。这样一来，许多用户会根据需求主动搜索并购买商品，"人找货"的消费路径也被抖音打通了。

具体来说，用户可以通过如下操作，进入抖音商城搜索并购买自己需要的商品，让"人找货"的消费路径变得简单、高效。

步骤 01 打开抖音 App，会自动进入"首页"中的"推荐"界面，点击"商城"按钮，如图 3-42 所示。

步骤 02 进入"商城"界面，点击搜索框，如图 3-43 所示。

步骤 03 执行操作后，❶ 在搜索框中输入商品名称，如"梳子"；❷ 点击"搜索"按钮，如图 3-44 所示。

步骤 04 进入搜索结果界面，点击对应商品信息所在的位置，如图 3-45 所示。

图 3-42 点击"商城"按钮

图 3-43 点击搜索框

图 3-44 点击"搜索"按钮

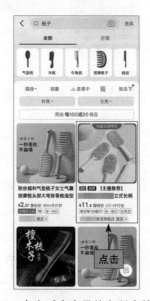

图 3-45 点击对应商品信息所在的位置

步骤 05 进入商品内容界面，点击"立即购买"按钮，如图 3-46 所示。

步骤 06 执行操作后，会弹出商品购买信息设置窗口，设置商品的购买信息，如图 3-47 所示，然后点击"立即购买"按钮。

步骤 07 执行操作后，进入订单信息界面，查看订单信息，确认无误

后，点击"提交订单"按钮，如图 3-48 所示，支付对应款项，即可下单购买商品。

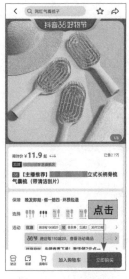

图 3-46　点击"立即购买"按钮

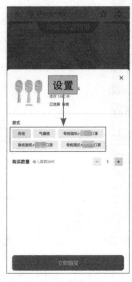

图 3-47　设置购买信息

图 3-48　点击"提交订单"按钮

3.2.4　搜索功能，提升视频和账号的曝光量

许多用户都是通过搜索功能查找和观看视频内容的，所以运营者想要借助搜索功能提升短视频和账号的曝光量，还得了解抖音搜索功能的运行规则，并据此打造更容易被搜索到的内容。

具体操作来说，运营者可以先点击抖音 App "首页"界面中的"🔍"按钮，如图 3-49 所示。执行操作后，即可进入抖音搜索界面，点击抖音搜索界面中的文本框，如图 3-50 所示。

执行操作后，❶ 在文本框中输入需要搜索的内容，如"女装"；❷ 点击"搜索"按钮，如图 3-51 所示。执行操作后，自动进入"综合"搜索界面，该界面中会根据搜索词向运营者推荐内容，如图 3-52 所示。

从搜索结果可以看出，搜索结果界面中会将当前直播中添加的相关商品排在前列。所以，对于运营者来说，经常开直播，并在直播购物车中添加相关商品，也是增加商品搜索曝光量的一种有效途径。

图 3-49　点击相应按钮

图 3-50　点击抖音搜索界面中的输入框

图 3-51　点击"搜索"按钮

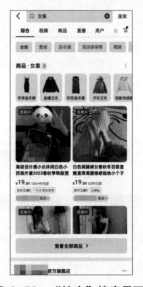

图 3-52　"综合"搜索界面

　　另外，搜索界面中有两个需要重点关注的板块，即"猜你想搜"板块和"抖音热榜"板块。具体来说，"猜你想搜"板块会根据他人的热搜内容和用户的个人兴趣推荐一些热点内容，"抖音热榜"板块则会展示抖音平台中热度较高的内容。

　　借助这两个板块，运营者可以快速了解当前用户比较感兴趣的内容和抖

音平台热度较高的内容，将这些内容中的关键词融入自己的作品中，能让你的作品更容易被用户看到。

通常来说，"抖音热榜"板块的内容是根据热度自动进行展示的，而"猜你想搜"板块展示的内容会因人而异。如果运营者想了解更多热搜内容，还可以点击"猜你想搜"板块中的"换一换"按钮，如图 3-53 所示。执行操作后，"猜你想搜"板块中的热搜内容便会出现变化，如图 3-54 所示。

图 3-53　点击"换一换"按钮

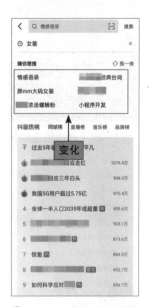

图 3-54　内容出现变化

3.2.5　直播功能，有效触达目标用户

直播对于运营者来说意义重大。一方面，运营者可以通过直播销售商品，获得收益；另一方面，直播是一种有效的引流方式。只要用户在直播的过程中点击关注，便会自动成为该抖音号的粉丝。

通过直播关注抖音号示例如图 3-55 所示。在某个抖音电商直播中，用户只需要点击界面左上方账号头像所在的位置，界面中便会弹出一个账号详情对话框。如果用户点击对话框中的"关注"按钮，原来"关注"按钮所在的位置将显示"取消关注"。此时，用户便通过直播关注抖音号，成了该抖音号的私域流量。

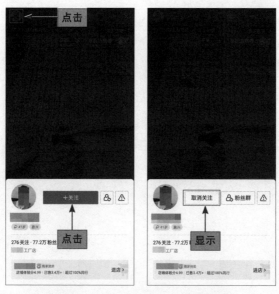

图 3-55 通过直播关注抖音号示例

除此之外，用户在直播界面中还有一种更方便的关注方法，那就是直接点击直播界面左上方的"关注"按钮。

运营者在运营账号的过程中，如果出现视频的流量暴涨，那么运营者可以乘胜追击，抓住流量、开启直播，在直播中解答用户的问题并且拉近与用户之间的关系；如果出现灵感枯竭的情况或者内容制作出现问题，也可以打开直播与账号粉丝或其他用户进行沟通，保持真诚、虚心求教，相信逐渐会有好的收获。

第 4 章

内容制作：
吸引用户的关键

学前提示

在通过视频进行赢利时，内容打造是关键。通常来说，优质的内容更容易获得流量，从而吸引更多用户的关注，提高账号的赢利能力。

本章为大家讲解如何根据用户的需求制作内容、根据内容定位收集与写作、根据内容策划优质的脚本以及按照平台规定创作内容，帮助大家制作出爆款短视频。

要点展示

- 根据用户需求制作内容
- 根据内容策划优质脚本
- 根据内容定位收集与写作
- 按照平台规定创作内容

4.1 根据用户需求制作内容

不管是现实生活中的人际交往，还是网上平台的社交，只有满足了对方的心理需求，才可以获得满意的社交结果。以抖音平台为例，运营者只有知道了用户想要在短视频中看什么内容，知道用户的需求，才能够制作出让用户喜欢的短视频，从而达到引流赢利的目的。

因此，本节就来讲一下抖音短视频平台的用户需求、发布及制作符合用户口味的短视频内容。

4.1.1 快乐需求，用户最基本的需求

喜怒哀乐，是人们经常会有的情绪。其中，"乐"能够表达自身愉悦。在抖音平台上，就有很多短视频提供了这样的情绪价值，如图 4-1 所示。

图 4-1 提供快乐情绪的抖音短视频示例

在账号运营过程中，如果一个账号能持续带给用户快乐的感受，那么让他们愿意关注并且持续关注该账号就是一件轻而易举的事了。那么，如何才能持续满足用户对快乐的需求呢？主要有两种方法，具体内容如图 4-2 所示。

在图 4-2 所示的两种方法中，保持角色塑造的一致性是非常重要的。运营者只有在短视频运营过程中不断塑造具有一致性的角色形象，随着时间的推移和内容的积累，用户才会自然而然地对接下来的短视频内容中的角色产生固定联想，也会进一步期待接下来发生的剧情与以往有什么不同。

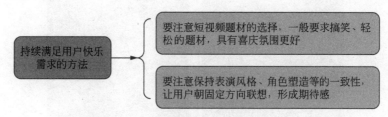

图 4-2 持续满足用户快乐需求的方法

在保持这种一致性的情况下，即使某一天视频里出现了不一样的角色塑造，用户也会在一定程度上沿着原有的角色塑造进行联想。

比如，一个看着非常喜庆的喜剧演员，如果在一个视频中突然表现出了严肃、刻板的形象，那么经常观看的用户是会感到严肃、刻板呢，还是会在这种反常的基础上，联想到演员的原有形象而感到更加搞笑呢？其实，后面这种情况居多。

4.1.2 心理需求，引发用户的好奇心

对未知的事物，人们总是会有不断探索的心理追求——在孩童时期，会对一些稀奇好玩的、未见过的东西有着巨大的好奇心；稍微长大一些后，学生时期会对新鲜的知识无比渴求；进入社会，会对开拓事业有所追求。

在这种普遍的心理需求下，推送一些能引发和满足用户好奇心的短视频内容也是一种有效的运营方法。一般来说，能满足用户好奇心的短视频内容一般有 3 种，即稀奇的、新鲜的和长知识的。通过稀奇的内容来满足用户好奇心的抖音短视频示例如图 4-3 所示。用户看到这样的短视频，出于猎奇的心理，一般都会想着继续看下去。

通过新鲜的和长知识的内容来满足用户好奇心的抖音短视频示例如图 4-4、图 4-5 所示。

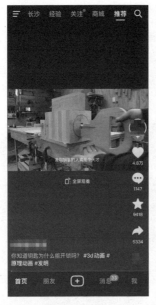

图 4-3　通过稀奇的内容来满足用户好奇心的抖音短视频示例

图 4-4　通过新鲜的内容来满足
用户好奇心的示例

图 4-5　通过长知识的内容来满足
用户好奇心的示例

以上 3 个短视频案例，或是能利用认知上的反差引发好奇，或是能利用新鲜内容为人们提供谈资，抑或利用长知识的内容增长见识，这些都是能满足用户好奇心而吸引关注的好方法。

4.1.3 模仿需求，满足用户的学习行为

在日常生活中，人们见到感兴趣的技巧和行为，总是会不知不觉去模仿。例如，喜欢书法的人，偶然在某处看到好的书法碑帖、字帖等，会不自觉地想要去细细品味、临摹；喜欢折纸艺术的人，在看到相关内容时，会按照教程一步步去操作，期待能做出满意的效果。

而视频内容的出现，为用户提供了更真实、生动的学习素材。能满足用户学习模仿需求的抖音短视频示例如图 4-6 所示。

图 4-6 中介绍的只是对生活中的某项技能、特长的模仿，其实，人们能学习模仿的不仅限于此，如短视频中的某一积极向上的行为，同样能成为学习模仿的对象，如图 4-7 所示。

图 4-6 能满足用户学习模仿需求的抖音短视频示例

这几个示例中能让人产生学习模仿需求的短视频内容，在吸引用户关注方面有着显著效果——无论是有亮点的技能、特长，还是值得学习的某项行为，都是具有巨大吸引力的存在。

图 4-7　学习模仿规范自身行为的抖音短视频示例

4.1.4　问题需求，帮助用户解决问题

除了满足用户的快乐需求、好奇心需求和模仿需求外，短视频内容如果能解决用户的实际问题，该账号也能吸引到目标用户的关注。下面就从满足解决问题的需求出发来进行介绍。

无论做什么事，人们总是在遇到问题和解决问题中度过的。当然，也正是因为经历了这样的过程，才使得进步的旋律时时响起。因此，运营者如果能为用户提供解决某一问题的方法和技巧，满足人们解决问题的需求，并能帮助人们更好地完成任务，那么获得更多的用户关注也就不足为奇了。

专家提醒

如果说满足用户的快乐需求、好奇心需求还只停留在心理层面的话，那么满足学习模仿和解决问题的需求已经上升到了行为层面。只是相对于满足解决问题的需求而言，满足学习模仿需求从某一方面来说并不是生活中必需的，而解决问题的需求则恰好相反，完全是生活能力和水平提升所必需的。

图 4-8 所示为能满足用户解决问题需求的抖音短视频示例。

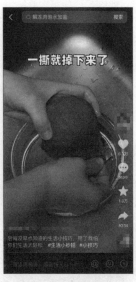

图 4-8 能满足用户解决问题需求的抖音短视频示例

这一类的短视频有一个明显区别于其他短视频的特点，用户关注此类短视频的时长可能并不是仅仅关注在某一个时间点被吸引，而是会持续一段时间的关注。

例如，用户看到某一短视频，当时可能只是觉得它有用而关注，当过去一段时间后，用户在生活中遇到了需要短视频内容中提及的方法来解决的问题时，用户是会二次浏览或多次浏览的。

由此可见，能满足用户解决问题需求的短视频内容，明显是工具化的、有着更长生命周期的内容。它能让用户"因为具体问题而想起它"，而不只是与满足快乐、好奇心等需求的短视频内容一样——纯粹是"因为它而想起它"，但其结果具有极大的偶然性，且大多不可重现。

4.1.5 精神需求，给用户提供安慰

从低层次的心理层面到行为层面，再到更高层次的精神层面，无疑是一个有着跨越性发展的过程。运营者在进行短视频运营的过程中，应该要思考的是"用户为什么关注我？"这一核心问题。当然，也可以遵照上述顺序来推出短视频内容，从不同层次、不同角度引导用户关注。

前面已经对两种心理层面和两种行为层面的短视频内容进行了介绍，接下

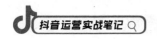
来将为大家分享在精神层面上通过自我实现来满足用户需求的短视频内容。

说到"在精神层面上通过自我实现来满足用户需求",大家可能对其还会有点困惑,然而提到"心灵鸡汤"就会恍然大悟了。相对于其他短视频内容来说,"心灵鸡汤"类的可能比较少,但也不是不存在的。"心灵鸡汤"类的抖音短视频示例如图 4-9 所示。

图 4-9　"心灵鸡汤"类的抖音短视频示例

"心灵鸡汤"类的短视频之所以能引起用户的关注,最基本的原因还是在于其中所包含的正能量和积极的思想。生活中是不会没有挫折的,而人在遇到挫折时是不能缺少积极思想的引导的。运营者基于这一情况推出内容与之相关的短视频,可以为那些有着焦虑情绪和产生挫败感的用户提供指引,让他们拥有更加积极的人生态度。

同时,"心灵鸡汤"类的短视频内容很多都是来自于名人名言,其中蕴含丰富哲理,因而可以利用其权威效应,提升用户对生活的控制感和信心,逐渐打破其思想禁锢,让人生重新焕发生机和活力。

4.1.6　社交需求,促进用户的互动和交流

抖音平台鼓励用户进行互动和交流,不仅在视频中提供了点赞、评论和

分享等社交功能，还推出了很多互动话题、魔法挑战以及投票类的视频，往往能引发大量用户的积极参与。

抖音平台推出的互动话题示例如图4-10所示。通过共同参与互动话题或追随热门趋势，用户能够与其他人共同体验一种情感和氛围。这种共同体验不仅增强了用户们的社交联系，也让他们在参与的过程中感到快乐和愉悦。

图 4-10　抖音平台推出的互动话题示例

用户热衷于在抖音上分享自己的生活、才艺和观点，他们通过发布短视频来展示自己的独特之处，并与其他用户进行交流和互动。这种分享和交流的过程不仅满足了用户们的自我表达需求，也让他们能够获得一定的社交满足感。

这些提供互动和参与机会的短视频，一方面增加了用户的活跃度和黏性，另一方面让用户在参与的过程中感受到自己的社交价值，继而有意愿进一步推动抖音平台的持续发展。

4.1.7　归属需求，唤起用户内心的共鸣

在日常生活中，人们总是会被能让人产生归属感、安全感以及产生爱与信任的事物所感动。

例如，一道能让人想起爸妈的家常菜，一份萦绕在两人之间的温馨的爱，

一个习以为常却体现细心与贴心的举动等，这些都是能让人心生温暖的正面情绪。当然，它们也是最能触动人类心中柔软之处的感情，是一份能持久影响人内心的感情。

而短视频作为一种常见的、日益发展起来的表现形式，反映了人们的生活和精神状态。上面描述的一些感动人的感情和场景都是短视频中比较常见的内容，也是打造爆款内容不可缺少的元素。

能让人心生温暖和产生爱的短视频示例如图3-11所示。这些示例都是阐述"爱"这一主题的，让人心生温暖和产生爱，且会为了"爱"这一永恒的主题动容。

图 4-11　能让人心生温暖和产生爱的短视频示例

4.1.8　审美需求，给用户视觉上的享受

关于颜值的话题，有众多与之相关的成语，如沉鱼落雁、闭月羞花、倾国倾城等，除了表示容貌漂亮外，还附加了一些"漂亮"所引发的效果。可见，颜值高还是有着一定影响力的，有时甚至会起决定作用。

这一现象同样适用于爆款短视频打造。当然，这里的颜值并不仅仅是指人，也包括好看的事物、景色等，即一切能够满足用户审美需求的内容。

从人的方面来说，除了先天条件外，想要提升颜值，可以在自己所展现出来的形象和妆容上下功夫，让自己看起来显得精神、有神采，而不是一副颓废、邋遢的模样，这样也是能明显提升颜值的；先画一个精致的妆容再进行拍摄，更是轻松提升颜值的便捷方法。

从事物、景色等方面来说，是可以通过其本身的美再加上优秀的摄影技术来实现的，如精妙的画面布局、构图和特效等，运用得当可以打造出高推荐量、播放量的短视频。高颜值的美食、美景短视频示例如图4-12所示。

图 4-12　高颜值的美食、美景短视频示例

4.2　根据内容定位收集与写作

抖音运营者有了清晰的内容定位以后，需要思考自己的内容素材从哪里来，是自己拍摄视频，还是购买有版权的素材或者建立团队来制作素材等。

接下来，将详细介绍基于内容定位收集与写作素材的方法。

4.2.1　素材来源，助力内容

对于抖音平台来说，运营者在尽量保证原创的基础上，可以通过其他途径搜寻需要的素材。因此，运营者如果需要获得更多的素材，就必须了解几

个适宜的素材来源网站。这里介绍两个素材来源网站，如图 4-13 所示。

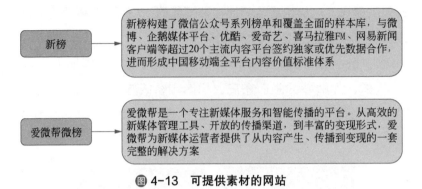

图 4-13　可提供素材的网站

4.2.2　内容收集，3个渠道

运营者要获取内容，除了要注意从相关网站上获取素材外，还可留意从多个渠道获取内容。也就是说，在编辑内容之前运营者需要先弄清楚内容有哪些收集渠道，从而弄清楚向哪些人群收集所需的内容。短视频内容可以从以下 3 个渠道来进行收集，如图 4-14 所示。

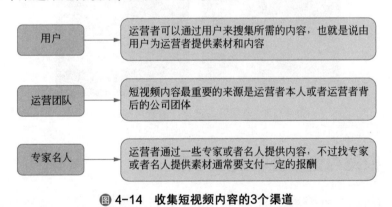

图 4-14　收集短视频内容的3个渠道

从抖音平台来看，很多运营者对抖音账号的运营就是建个账号，然后发点与自己的产品有关的广告内容，而通常这种纯广告式的抖音账号是没有什么价值的，用户的关注度也不高。

建立在满足用户需求上的内容才会更加吸引人。所以，抖音运营者发布的内容需要满足用户的需求，这样才能达到预想的效果。基于此，关于用户需求的收集一般有哪些方法呢？这里总结了 5 点，具体介绍如下。

1. 用户反映出来的有关感受

很多用户会通过微信、QQ 等社交平台表达他们的不满，也有很多用户通过这些平台表达喜爱。运营者千万不能忽视这个部分用户表达出来的需求，完全可以对其大加利用，根据用户的喜好去制作内容，避开用户的"雷区"。

2. 用户行为体现出来的需求

运营者要了解用户需求，这样才能解决用户问题。要清楚用户在谈论什么，要留意用户搜索什么产品，并把用户关注的这些问题进行分门别类地整理，然后针对这些问题设计视频内容。

3. 与产品有关的知识性信息

通常，一段干巴巴的产品介绍、产品说明是无法吸引用户眼球的。这要求运营者对所推销的产品进行知识延展。

很多用户喜欢带有知识性的信息。以酒业为例，运营者如果要推销他们的酒，不能只介绍酒的成分、酒精度多少、口感如何等。这些固然重要，但是用户更希望了解这款酒的酿造工艺或是发展历史，或是关于品酒的小技巧，又或是储存方法等。

4. 带给人优待感的优惠信息

很多用户都是冲着折扣信息去关注品牌信息的，但是把促销信息一窝蜂地发布出来，并不会起到显著的宣传效果。对于用户来说，这种内容就像街头路边散发的小广告，他们并不会过多关注，更可能会感到厌恶，从而降低对品牌的好感度。

运营者应该避免这种误区，设计一些抖音平台专属的活动或优惠活动，让用户感到一种不同于他人的优待感。这样，用户才会有一种被重视的感觉，对抖音平台也会越来越依赖和喜欢。

5. 分享用户喜欢的他人资源

运营者要做到善于运用资源，分享他人的精华内容来增加视频素材的来源。因此，运营者可以从网上摘录一些经典的文章分享在自己的抖音账号上，

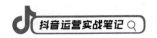

或者收集一些网上最新、最热门的段子，以此迎合用户的喜好。但是，运营者在将这些文章、段子转发到自己平台上时一定要记得注明文章和段子的来源。同时，运营者也要注意发布的内容符合自身的账号定位以及目标用户定位。

4.2.3 内容写作，两大误区

随着互联网的发展和移动互联网时代的到来，各种营销信息随之泛滥，太多没有价值的垃圾信息混杂进来，占据大众的视线和时间。运营者要想让自己的内容吸引用户，避开内容写作中的误区是至关重要的。对于内容写作，运营者需要避开两大误区，具体介绍如下。

1. 无创新——内容千篇一律

运营者创作视频的目的其实只有一个，那就是为了获取更多用户的关注，在文章或者视频当中植入广告也是为了借助内容推销产品。但据了解，有99%的运营者把自己的视频内容编写成了路边的宣传单。

如果运营者的视频内容都是千篇一律，没有新意，没有趣味，没有实用价值，用户是不会关注的，运营者预定的宣传效果也就无法实现了。

2. 无技巧——广告硬性植入

不少运营者虽然积攒了众多粉丝，但急于宣传，于是在视频内容中硬性植入广告——对技巧和内容要求相对较低，没有多少技术含量，完全没有考虑到用户的观感。这种广告事实上也不会起到多少宣传效果，而只会让用户厌烦，甚至是取消关注，运营者最后得不偿失。

4.3 根据内容策划优质脚本

针对制作带货视频的运营者，视频内容的脚本策划也是有技巧的，如果运营者掌握了内容策划的技巧，那么根据策划的脚本制作的短视频就能够获得较为可观的播放量。具体来说，短视频脚本策划要针对什么内容呢？本节就来分别进行解读。

4.3.1 商品策划，提升商品的销量

制作带货视频的最终目的是提升商品的销量，更好地实现商品赢利。基于这一点，运营者可以围绕商品来策划脚本。例如，运营者可以先亲自使用商品，总结出商品的卖点；然后结合卖点来策划脚本内容，确定出脚本的具体信息，包括商品的展现场景、卖点展示方式和出镜人物等。

4.3.2 热点策划，提高视频的流量

通常来说，热度越高的内容，越容易受到用户的关注。对此，运营者可以通过了解平台的热点，选择与热点相关的内容或商品来策划脚本并制作种草视频，从而借助热点提升带货的效果。

运营者可以通过抖音 App 的"抖音热榜"，查看当前的热点内容。运营者只需要 ❶ 点击抖音首页右上角的搜索图标🔍，进入搜索界面，❷ 在界面的底部点击"查看完整热点榜"按钮，如图 4-15 所示，即可进入"抖音热榜"界面，查看当前"热点榜""娱乐榜""社会榜""挑战榜""同城榜"中的内容。

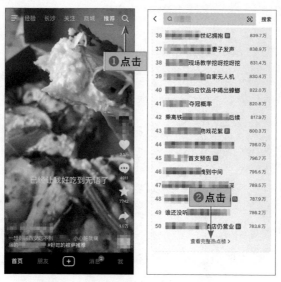

图 4-15 进入"抖音热榜"界面的步骤

除此之外，运营者还可以选择相应热点，进入热点的详情界面，查看具体的短视频内容。例如：❶ 运营者可以在"抖音热榜"界面中选择热点"全国

快递业务量突破 400 亿件";❷ 点击即可进入"全国快递业务量突破 400 亿件"热点的详情界面，如图 4-16 所示。

图 4-16　进入"全国快递业务量突破400亿件"热点的详情界面步骤

4.3.3　话题策划，选定目标用户

运营者可以把话题作为立足点，选择用户感兴趣的话题，并据此策划具体的种草视频。当然，运营者在选择话题时，要根据实际情况来选择。

例如，夏季出门在外很容易被晒黑，此时"防晒"通常会成为女性讨论的热门话题。对此，运营者可以立足"防晒"这个话题来策划视频内容，选择亲测有效的几款商品进行视频种草，将其推荐给有需要的用户。

4.3.4　细化脚本，展示重点内容

在策划短视频脚本时，运营者要将相关的内容尽量细化，同时把重要的内容详细地展示出来。具体来说，在策划短视频脚本时，运营者需要做好以下工作。

1. 前期准备

在编写脚本之前，运营者还需要做好一些前期的准备工作，确定视频内容的整体思路。具体来说，编写脚本需要做好的前期准备如下。

（1）拍摄的主题。每个短视频都应该要有明确的主题，以及为主题服务的内容。而要明确短视频的内容，就需要在编写脚本时先将拍摄的主题确定下来，列入脚本中。

（2）拍摄的时间。有时候拍摄一条短视频需要比较多的人员，此时就需要统筹规划好拍摄时间，来确保短视频拍摄工作的正常进行。另外，有的短视频内容可能对拍摄的时间有一定的要求，比如早晨或黄昏，这一类短视频的制作也需要在脚本编写时就将拍摄的时间确定下来。

（3）拍摄的地点。许多短视频对拍摄地点都有一定的要求：运营者是在室内拍摄，还是在室外拍摄？是在繁华的街道拍摄，还是在静谧的山林拍摄？这些都应该在编写脚本时确定下来。

（4）使用的背景音乐。背景音乐是短视频内容的重要组成部分，如果背景音乐用得好，甚至可以成为短视频内容的点睛之笔。因此，在编写短视频脚本时，就要选择合适的背景音乐确定。

2. 整体架构

短视频脚本的编写是一个系统工程，一个脚本从无到整体构建完成，需要经过3个步骤，具体如下。

（1）步骤1：确定主题。确定主题是短视频脚本创作的第一步，也是关键性的一步。因为只有主题确定了，运营者才能围绕主题来策划脚本，并在此基础上将符合主题的重点内容针对性地展示给目标人群。

（2）步骤2：构建框架。主题确定之后，接下来需要做的就是构建起一个相对完整的脚本框架。例如，从什么人，在什么时间、什么地点，做了什么事，造成了什么影响这五个方面，勾勒短视频内容的雏形。

（3）步骤3：完善细节。内容框架构建完成后，运营者还需要在脚本中对一些重点的内容细节进行完善，让整个脚本内容更加具体化。例如，从什么视角来说。

3. 剧情策划

剧情策划是脚本编写过程中需要重点把握的内容。在剧情策划的过程中，运营者需要从两个方面做好详细的设定，即人物设定和场景设定。

（1）人物设定。人物设定的关键就在于通过台词的编写、情绪的变化、性格的塑造等来构建一个立体化的人物形象。它能让用户看完短视频之后，就对短视频中的相关人物留下深刻的印象。除此之外，成功的人物设定，还能让用户通过观察人物的表现，对人物面临的情况更加感同身受。

（2）场景设定。场景的设定不仅能够对短视频内容起到烘托作用，还能让短视频的画面更加贴合内容、更能吸引用户的关注。具体来说，运营者在编写脚本时，可以根据短视频主题，对场景进行具体的设定。例如，制作宣传厨具的短视频，可以在编写脚本时把场景设定在一个厨房中。

4．人物对话

在短视频中，人物对话主要包括短视频的旁白和人物的台词。短视频中的人物对话，不仅能够对剧情起到推动作用，还能展现人物的性格特征。例如，在视频中打造一个勤俭持家的人物形象，可以设计该人物在买菜时与菜店店主讨价还价的对话。

因此，运营者在编写脚本时需要对人物对话更加重视，一定要结合人物的形象来设计对话。有时候为了让用户对视频中的人物留下深刻的印象，运营者可以根据需要为人物设计特色的口头禅，让用户听见口头禅就能想起该人物。

5．脚本分镜

脚本分镜就是在编写脚本时将短视频内容分割为一个个具体的镜头，并针对具体的镜头来策划内容。通常来说，脚本分镜主要包括分镜头的拍法（包括景别和运镜方式）、镜头的时长、镜头的画面内容、旁白和背景音乐等。

脚本分镜实际上就是将短视频这个大项目，分为一个个具体可行的小项目（即一个个分镜头）。因此，在策划分镜头内容时，不仅要将镜头内容具体化，还要考虑到分镜头拍摄的可操作性。

4.4　按照平台规定创作内容

在创作内容的过程中，运营者需要特别注意——你发布的视频内容必须要符合平台的规定。对此，运营者需要主动查看平台的相关规则，并了解内容创作的相关要求，按照平台的规定创作出符合平台要求的内容。

本节将介绍如何查看抖音平台的规则与平台对于内容创作的相关规范。

4.4.1　主动查看，熟悉平台的相关规则

近年来，随着抖音平台的快速发展，越来越多的运营者开始入驻抖音平台并发布短视频和进行直播。虽然大多数运营者都按平台要求创作内容，但是也有一小部分人不惜冒险发布劣质和违规内容，以图更快地获取利益。

因此，为了更好地净化平台，抖音官方主动出击，对劣质和违规内容进行了打击，并对营销推广内容中添加的商品进行了严格的管控。抖音净化平台的相关数据如图 4-17 所示。

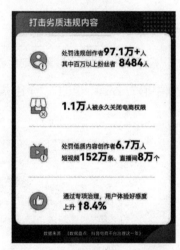

图 4-17　抖音净化平台的相关数据

那么，运营者如何才能确保自己发布的内容符合平台的规范呢？其中一种比较有效的方法是主动查看抖音官方发布的相关规则。具体来说，运营者可以通过如下步骤在抖音 App 中查看抖音官方发布的相关规则。

步骤 01 进入抖音 App 中的"我"界面，❶ 点击"▤"图标，弹出列表框；❷ 选择"设置"选项，如图 4-18 所示。

步骤 02 进入"设置"界面，选择"抖音规则中心"选项，如图 4-19 所示。

步骤 03 执行操作后，进入"抖音规则中心"界面，点击"平台规则"板块中的"社区公约"按钮，如图 4-20 所示。

图 4-18　选择"设置"选项　　　　图 4-19　选择"抖音规则中心"选项

步骤 04 执行操作后，进入"规则中心"界面，点击"全部规则"按钮，如图 4-21 所示。

图 4-20　点击"社区公约"按钮　　　　图 4-21　点击"全部规则"按钮

步骤 05 执行操作后，进入"全部分类"界面，选择"创作者管理"选项卡，如图 4-22 所示，在此界面运营者可以选择需要查看的规则。

步骤 06 执行操作后，即可进入对应规则的内容展示界面，查看该规则的具体内容，如图 4-23 所示。

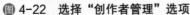

图 4-22 选择"创作者管理"选项

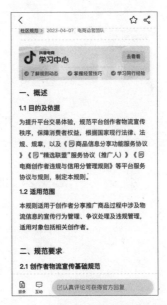

图 4-23 对应规则的内容展示界面

4.4.2 创作规范，了解内容创作的要求

除了查看抖音平台中的相关规则之外，运营者还需要关注抖音官方发布的内容创作相关的规则文件。具体来说，运营者需要特别关注两个规则文件，一个是《抖音电商内容创作规范》，另一个是《抖音电商优质内容说明书》。这两个文件的具体内容，都可以通过抖音电商学习中心进行查看。

其中，《抖音电商内容创作规范》明确规定，优质内容的创作需要把握好4个要点，即真实（真实客观地进行描述）、专业（专业地介绍商品）、可信（真诚地进行互动交流）和有趣（内容生动，富有趣味性）。

而《抖音电商优质内容说明书》则是在《抖音电商内容创作规范》的基础上，制定了优质内容的评判标准。具体来讲，抖音平台会从多个维度对短视频和直播的内容进行评判，将内容分为优质、普通和低质这 3 大等级。

抖音短视频内容和直播内容的分级维度分别如图 4-24、图 4-25 所示，运营者可以清晰地看到相关规范。

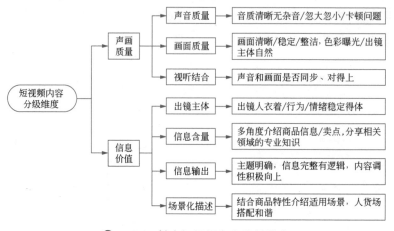

图 4-24 抖音短视频内容分级维度

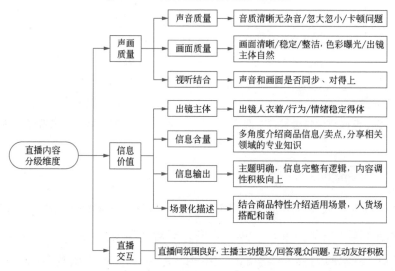

图 4-25 抖音直播内容分级维度

抖音内容的评级标准如下。

- 内容在所有维度上表现较好，则内容评级为"优质"。

- 内容在所有维度上都没有差错，表现中等，但是还达不到优质的标准，则内容评级为"普通"。

- 内容在任意维度上表现较差，则内容评级为"低质"。

从上述规范中不难看出，抖音平台对短视频和直播内容的评判要求大体相同，只是直播对交互情况提出了进一步要求。运营者可以参照上述两个规则文件来打造内容，让自己的内容更加符合平台的要求，从而有效地避免出现内容违规。

第 5 章

视频拍摄：
拍出精美的画面

学前提示

　　对于短视频来说，即使是相同的场景，也可以采用不同的构图和光线形式，从而带给用户不同的视觉感受。运营者在拍摄视频时，可以通过适当的构图、巧妙的光线以及合适的运镜，展现出独特的画面魅力。

　　本章介绍视频拍摄的相关技巧，包括构图、光线以及运镜，帮助运营者更好地打造出吸引用户的视频。

要点展示

· 构图让短视频更具美感　　　· 光线让视频效果更迷人

· 运镜为视频加入氛围和情感

5.1 构图让短视频更具美感

在短视频拍摄中，构图是指通过安排各种物体和元素，来打造一个主次关系分明的画面效果。运营者在拍摄短视频时，可以通过使用适当的构图方式，将自己的主题思想和创作意图形象化、可视化，从而创造出更出色的视频画面。本节将详细介绍 8 种不同的构图方式，来帮助运营者拍摄出更好的作品。

5.1.1 构图画幅，影响取景的关键因素

画幅是影响短视频构图取景的关键因素，用户在构图前要首先决定好短视频的画幅。画幅是指短视频的取景画框样式，通常包括横画幅、竖画幅和方画幅 3 种，也可以称为横构图、竖构图和正方形构图，下面将进行详细的介绍。

1. 横构图

横构图就是将手机或者拍摄设备在水平方向上进行持握拍摄，然后通过取景器横向取景。因为用人眼观察，照片的水平视角比垂直视角要更大一些，因此横画幅在大多数情况下会带给用户一种自然、舒适的视觉感受，同时可以让视频画面的还原度更高。

采用横构图拍摄的湖边日落的视频画面如图 5-1 所示，能够带给用户安静、宽广、平衡以及宏大的视觉感受，适合用来展现环境和空间。

图 5-1　横构图

2. 竖构图

竖构图就是将手机或者拍摄设备在垂直方向上进行持握拍摄，这样拍出来的视频画面拥有更强的立体感，比较适合拍摄具有高大、线条感以及前后对比等特点的短视频题材，如图 5-2 所示。在拍摄抖音和快手等短视频时，大多默认竖构图的方式，其画幅比例为 9：16。

3. 正方形构图

正方形构图的画幅比例为 1：1，以手机原相机为例，操作步骤如下：进

入相机拍摄界面，❶ 点击画幅比例按钮"4:3"；❷ 选择"正方形"尺寸即可，如图 5-3 所示。

> **专家提醒**
>
> 　　一般情况下，短视频拍摄不使用正方形构图。正方形构图多用于照片拍摄，且多用于拍摄比较对称的场景，特别是拍摄主体在场景中心的情况。

图 5-2　竖构图

图 5-3　设置为正方形构图步骤

5.1.2 前景构图，突出视频点睛之笔

前景，简单来讲就是位于视频拍摄主体与镜头之间的事物。前景构图是指利用恰当的前景元素来构图取景，可以加深视频画面的纵深感和层次感，同时也能极大地丰富视频画面的内容，使其更加鲜活饱满。因此，运营者在进行短视频的拍摄时，可以将身边能够充当前景的事物拍摄到视频画面当中来。

前景构图有两种操作思路，一种是将前景作为陪体，将主体放在中景或背景位置上，用前景来引导用户的视线，使其聚焦到主体上。另一种则是直接将前景作为主体，通过背景环境来烘托主体。使用前景构图拍摄的荷花如图 5-4 所示，选取绽开的花朵作为前景，背景为荷叶，不仅丰富了画面的内容，烘托了画面的氛围，而且还提升了视频的整体质感。

图 5-4　前景构图拍摄的荷花

在构图时，给视频画面增加前景元素，主要是为了让画面更具美感。那么，我们可以选择哪些前景元素呢？在拍摄短视频时，可用作前景的元素有很多，如花、草、树、木、倒影、道路、栏杆以及各种装饰道具等。不同的前景有不同的作用，如突出主体、引导视线、增添气氛、交代环境、形成虚实对比、形成框架和丰富画面等。

专家提醒

一般情况下，任何一个短视频作品，不管优秀与否，其画面上都有一个突出的主体对象。为了使呈现出的画面能实现完美的视觉效果，运营者都会想尽办法来突出主体，因此突出主体是短视频构图的一个基本要求。

5.1.3 中心构图，容易吸引用户眼球

中心构图又可以称为中央构图，即将视频主体置于画面正中间进行取景。中心构图最大的优点在于主体非常突出、明确，而且画面可以实现上下左右平衡的效果，更容易抓人眼球。

拍摄中心构图的视频非常简单，只需要将拍摄主体置于视频画面的中心位置上即可，同时中心构图不受横、竖构图的限制，如图 5-5 所示。

横画幅中心构图   竖画幅中心构图

图 5-5   中心构图的操作示意图

拍摄中心构图的相关技巧如下。

（1）选择简洁的背景。使用中心构图时，尽量选择背景环境简洁的场景，或者主体与背景对比强烈的场景，这样能够更好地突出主体，如图 5-6 所示。

图 5-6   选择简洁的背景

（2）制造趣味中心点。中心构图的主要缺点在于容易造成画面比较呆板的效果，因此拍摄时可以运用光影角度、虚实对比、人物肢体动作、线条韵律以及黑白处理等方法，来制造一个趣味中心点，让视频画面更容易吸引用户的眼球。

5.1.4 斜线构图，具备视线导向性

斜线构图主要利用画面中的斜线来引导观众的目光，这样的构图方式能够展现物体的运动、变化以及透视规律，可以让视频画面更有活力感和节奏感。斜线的纵向延伸还能加强画面深远的透视效果。一般来说利用斜线构图拍摄视频主要有以下两种方法。

一种是利用被拍摄主体本身具有的线条构成斜线，如图5-7所示，从侧面拍摄的沙漠短视频，沙漠和人群在画面中构成了一条斜线，让视频画面更加具有视觉冲击力。

图 5-7　利用被拍摄主体本身具有的线条构成斜线

另一种则是利用主体周围的环境或道具，为视频拍摄主体构成斜线。图5-8所示为视频中的画面，明显能看出主体是人物，但单独拍摄人物未免显得太过单调，于是拍摄者就利用地上的文字来构成斜线，让视频画面更加丰富。

图 5-8　利用主体周围的环境构成斜线

5.1.5 框式构图，合理突出视频主体

框式构图又称框架式构图、窗式构图或隧道构图。其特征是借助某个框式图形来取景，而这个框式图形，可以是规则的，也可以是不规则的；可以是方形的，也可以是圆的，甚至可以是多边形的。

框式构图的重点在于利用主体周边的物体构成一个边框，以起到突出主体的效果。框式构图主要是通过门、窗等作为前景形成框架，透过门、窗框来引导用户的视线至被摄主体上，以此增强视频画面的层次感，同时使视频具有更多的趣味性，实现不一样的画面效果。

想要拍摄框式构图的视频画面，就需要寻找到能够作为框架的物体，这就需要运营者在日常生活中多仔细观察、留心身边的事物。

利用建筑的门框以及门前的柱子作为框架进行构图，能够增强视频画面的纵深感，突出视频画面中心的主体，如图 5-9 所示。

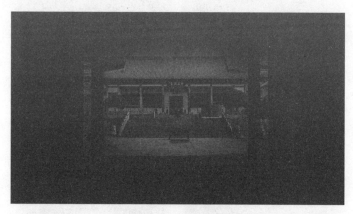

图 5-9 框式构图

框式构图其实还有更高级的玩法，那就是逆向思维，通过被摄对象来突出框架本身的美，也就是将对象作为陪体，框架作为主体。

5.1.6 引导线构图，画面更具有冲击力

引导线可以是直线（水平线或垂直线），也可以是斜线、对角线或者曲线。拍摄者通过这些线条来引导用户的目光、注意力，吸引他们的兴趣。

引导线构图的主要作用如下。

- 引导视线至画面主体。

- 丰富画面的结构层次。

- 形成极强的纵深效果。

- 展现出景深和立体感。

- 创造出深度的透视感。

- 帮助用户探索整个场景。

在日常生活中的引导线有道路、建筑物、桥梁、山脉、强烈的光影以及地平线等。在很多短视频的拍摄场景中，都会包含各种"线条"，因此运营者要善于找到这些"线条"，利用它们来增强视频画面的冲击力。

例如，对角线构图主要利用画面中的对角线来引导用户的目光。将人物置于对角线引导线上，能够赋予画面动感、活泼的视觉效果，如图 5-10 所示。

图 5-10　对角线构图

对角线是一种比斜线更规范的构图形式，强调必须在画面的对角间形成一条直线，它可以使画面更具方向感。

5.1.7　对称式构图，画面更加平衡和谐

对称式构图是指画面中心有一条线把画面分为对称的两份，这条线能让画面上下对称（水平对称），或左右对称（垂直对称），或围绕一个中心点实现画

面的镜像对称，而这种对称画面会带给人一种平衡、稳定与和谐的视觉感受。

图 5-11 所示为以马路中央的分界线为垂直对称轴，画面左右两侧的桥梁建筑和线条基本一致，形成的左右对称构图，它让视频画面的布局更为平衡。

图 5-11　左右对称构图

5.1.8　三分线构图，让画面更加美丽

三分线构图是指将画面在横向或纵向等分成 3 部分，在拍摄视频时，将对象或焦点放在三分线上的某一位置进行构图取景，让对象更加突出，画面更加美观。

选择三分线构图拍摄时，只需要将视频拍摄主体放置在拍摄画面的横向或者竖向三分之一处即可。

图 5-12 所示为视频画面中上面 2/3 为天空晚霞和建筑，下面 1/3 为江面，这样的构图能够形成一种动静对比。

图 5-12　三分线构图

九宫格构图又叫井字形构图，是对三分线构图的综合运用，具体来说，是指用横竖各两条直线将画面等分为 9 个部分，这不仅可以让画面更加符合

人的视觉习惯，而且还能突出主体、均衡画面。

使用九宫格构图时，不仅可以将主体放在 4 个交叉点上，也可以将其放在 9 个空间格内，这样能使主体非常自然地成为画面的视觉中心。具体操作时，运营者可以将手机的九宫格构图辅助线打开，以便更好地对画面中的主体元素进行定位或保持线条的水平。

图 5-13 所示为将一个岩石安排在九宫格右下角的交叉点位置附近，可以让用户的焦点一下就集中在主体上。

专家提醒

要学好构图，需要注意两点：一是观察拍摄对象的数量，挖掘他们的特色和亮点；二是多学习构图技法，然后在拍摄时找到最匹配对象的构图技法。

图 5-13 九宫格构图

5.2 光线让视频效果更迷人

光线是短视频拍摄中非常重要的元素，能够为视频画面增添更多的魅力。运营者可以通过寻找和利用拍摄环境中的各种光线，在镜头画面中制造出光影感、层次感与空间感，让短视频更加迷人。

本节将介绍 5 类光线、拍摄短视频的时机以及如何利用光线拍出不同效果的短视频。

5.2.1 不同光线，特点与效果都不同

顺光是指光线的投射方向和拍摄方向基本相同的光线，利用顺光拍摄出

来的作品受光非常均匀，画面比较通透，不会产生非常大面积的阴影，而且色彩也非常真实、亮丽，拍摄效果如图 5-14 所示。

图 5-14 顺光拍摄效果

侧光是指光线的投射方向与拍摄方向呈 90° 左右的光线，因此被摄对象受光源照射的一面会非常明亮，而另一面则偏暗，画面的明暗层次感非常分明，可以体现出一定的立体感和空间感，如图 5-15 所示。

图 5-15 侧光拍摄效果

逆光是指光线的投射方向与拍摄方向相对的光线，利用逆光拍摄会带来明显的剪影效果，从而展现出被摄对象的轮廓线条，如图 5-16 所示。

顶光是指从被摄对象顶部垂直照射下来的光线，与手机的拍摄方向形成大致 90° 的垂直角度，主体下方会留下比较明显的阴影，往往可以体现出立体感，同时可以呈现分明的上下层次关系。

图 5-16　逆光拍摄效果

底光是指从被摄对象底部照射过来的光线，也可以称为"脚光"，通常为人造光源，容易带来阴险、恐怖的视觉效果。

5.2.2　拍摄时机，影响视频画面效果

在户外拍摄短视频时，自然光线是必备元素，因此运营者需要花时间去等待拍摄时机，抓住"黄金时刻"来进行拍摄。同时，运营者还需要具备极强的应变能力，快速作出合理的判断。当然，具体的拍摄时间要"因地而异"，没有绝对的说法，实际上在任何时间点都能拍出漂亮的短视频，关键就在于运营者对光线的理解和对时机的把握。

很多时候，光线的"黄金时刻"就那么一两秒钟，运营者需要在短时间内迅速完成构图并调整机位进行拍摄。因此，在拍摄短视频前，如果运营者的时间比较充足，可以事先踩点并确定好拍摄机位，这样在"黄金时刻"到来时，不至于匆匆忙忙地再去准备，能够有充分的时间捕捉精彩的瞬间。

通常情况下，日出后的一小时和日落前的一小时是拍摄绝大多数短视频的"黄金时刻"。这是因为这两个时间点的太阳位置较低，光线非常柔和，能够表现出丰富的画面色彩，而且画面中会形成明暗对比，更显层次，如图 5-17 所示。

当然，这个"黄金时刻"并不适合所有的场景。在中午时分拍摄的场景如图 5-18 所示，在这个时间能够更好地展现建筑物的细节和蓝天、绿草地的场景，因此中午就是这个场景的最佳拍摄时机。

图 5-17 日落前的"黄金时刻"拍摄效果

图 5-18 中午时分拍摄效果

好的光线条件，对表现短视频主题和烘托气氛至关重要，因此运营者要善于在拍摄时抓住时机和捕捉光线，利用光线让画面更有意境。

5.2.3 利用剪影，拍出唯美视频效果

剪影拍摄是比较常用的摄影方法，因为逆光下，画面会变得非常唯美。半剪影或剪影类的短视频，主要采用侧逆光或者逆光的光线，降低主体部分的曝光度，使其在画面中呈现出漆黑的剪影，这样可以更好地集中用户的视线。此方法主要用于诠释建筑主体的结构或者人物主体的肢体动作。

1. 用侧逆光拍摄剪影

在侧逆光环境下，可以让主体看上去更具仪式感，不同的阴影位置和长

度可以创造出不同的画面效果，如图5-19所示。同时，画面的明暗对比也会更强烈，能够增强画面的活力，烘托气氛。另外，背景中的落日作为画面的陪体，让画面的色彩更加浓郁，也对画面起到很好的烘托作用。

图 5-19　在侧逆光下拍摄的剪影

在侧逆光下进行半剪影拍摄时，光线会在主体周围形成淡淡的轮廓光，勾勒出主体的轮廓和外观，质感也非常强烈。

专家提醒

建议运营者可以选择在日出或日落时分拍摄半剪影或剪影的短视频，因为在这两个时间点拍摄出的剪影效果最好。

2. 用逆光拍摄剪影

利用逆光拍摄时，能拍出完全漆黑的剪影效果，换言之就是手机镜头要迎着光源，让光线被主体（人物或物体）挡住，这样主体就会因曝光不足而形成一个几乎全黑的轮廓，从而能够有特殊的创意与画面表现，如图5-20所示。

图 5-20　在逆光下拍摄的剪影

5.2.4 人像布光，强调视频内容的故事性

我们如今所说的光线，大多可以分为自然光与人造光。如果这个世界没有了光，那么世界将会呈现出一片黑暗的景象，所以光线对于视频的拍摄来说至关重要，它也决定着视频的清晰度。

对于人像类短视频来说，合理的布光可以增强画面的层次感，同时还能更好地强调故事性，吸引用户的目光并引起他们思考，引导他们品味短视频主题中的内涵。

拍摄人像类短视频时，运营者可以借助不同的光线类型和不同的拍摄角度，来表现人物的形象特点，当然前提是你必须足够了解光线，同时能够善于利用光线来进行短视频的创作。此外，我们还需要通过布光来塑造光型，即用不同方向的光源来实现一定的造型效果，具体方法如下。

（1）正光型：布光主要以顺光为主，其主要特点是能使画面受光非常均匀，整体上比较通透，不会产生非常明显的阴影，而且色彩也非常亮丽。顺光可以让人物的整个脸部都非常明亮，同时人物的线条也会更显流畅，五官显得立体逼真，如图5-21所示。

图 5-21 正光型

（2）侧光型：布光主要以正侧光、前侧光和大角度的侧逆光（即画面中看不到光源）为主，光源位于人物的左侧或右侧，受光源照射的一面非常明亮，而另一面则偏暗，这能让画面的明暗层次非常分明，能够呈现出一定的立体感和空间感，如图5-22所示。

图 5-22　侧光型

（3）逆光型：多采用逆光或侧逆光拍摄，可以产生明显的剪影效果，从而呈现出人物的轮廓，表现力非常强。在逆光状态下，如果光源向左右稍微偏移，就会形成小角度的侧逆光（即画面中能够看到光源），同样可以呈现人物的轮廓。

（4）显宽光：采用"侧光＋反光板"的布光方式，让人物脸部的受光区域面向镜头，这样脸部会显得比较宽阔，通常用于拍摄高调或中间调人像，对面部折叠度较高的人物适合采用这种布光方式。

（5）显瘦光：采用"前侧光＋反光板"的布光方式，同时让人物脸部的背光区域面向镜头，这样在人脸部分的阴影面积会更大，从而显得脸部更小，如图 5-23 所示。

图 5-23　显瘦光

5.2.5　建筑布光，突出建筑物的空间感

在确定拍摄建筑类短视频的角度和机位高度时，运营者还需要观察光源

的方向，不同的光源方向会呈现出不同的成像效果。运营者可以寻找和利用建筑环境中的各种光线，在镜头画面中制造出光影感，以此体现建筑的立体感、层次感，让短视频更加迷人。

拍摄建筑短视频常用的光线有前侧光、逆光、顶光和夜晚的霓虹灯光等类型。图5-24所示为采用前侧光拍摄的建筑类短视频画面，建筑物背光的一侧会产生阴影，这样就能够突出建筑物的空间感和层次感。

图 5-24　前侧光

同时，逆光能够拍出建筑的剪影，更好地展现其外形轮廓，突出建筑的造型美感。

顶光是指来自建筑物正上方的光线，能够为建筑主体提供均匀且充足的光线，而且能呈现出建筑的独特形态之美，拍摄效果如图5-25所示。

图 5-25　顶光

在夜幕的衬托下，霓虹灯光可以很好地表现建筑表面霓虹闪烁的景象，让画面看起来更加绚丽。图5-26所示为俯拍角度展现出的高楼林立的城市夜景风光，

高楼搭配建筑上的各类霓虹灯光，能够更好地呈现建筑的造型美感和高度感。

图 5-26　霓虹灯光

5.3　运镜为视频加入氛围和情感

在拍摄短视频时，运营者尤其需要在镜头的运动方式上下"功夫"，掌握一些"短视频大神"常用的运镜手法，这能够帮助运营者更好地突出视频中的主体和主题，让用户的视线集中在视频要表达的对象上，同时也能让视频作品更加生动，更有画面感。

本节将介绍 5 种不同的运镜方式，帮助运营者制作出更好的视频作品。

5.3.1　推拉运镜，强调整体与局部的关系

推拉运镜是短视频中最为常见的运镜方式，通俗来说就是通过"放大画面"或"缩小画面"，来强调拍摄场景的整体或局部和两者的关系，其操作示意图如图 5-27 所示。

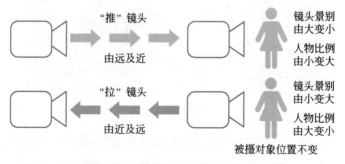

图 5-27　推拉运镜的操作示意图

"推"镜头是指从较大的景别将镜头推向较小的景别，如从远景推至近景，从而突出要表达的细节，将这个细节之处从镜头中凸显出来，让用户注意到。

"拉"镜头的运镜方向与"推"镜头正好相反，先用特写或采用近景等景别，将镜头靠近主体拍摄，然后再向远处逐渐拉出，拍摄远景画面。

"拉"镜头的适用场景和主要作用如下。

（1）适用场景：剧情类短视频的结尾，以及强调主体所在的环境。

（2）主要作用：可以更好地渲染短视频的画面氛围。

首先采用近景的镜头景别，抓拍人物的面部神态。然后通过"拉"镜头的运镜方式，将镜头机位向后移动，让画面获得更加宽广的视角，同时将人物周围的环境逐渐显示出来，如图5-28所示。

图5-28 推拉运镜

5.3.2 摇移运镜，展示主体所处的环境特征

摇移运镜是指保持机位不变，朝着不同的方向转动镜头，其中镜头的运动方向可分为上下摇动、左右摇动、斜方向摇动以及旋转摇动，其操作示意图如图5-29所示。

摇移运镜就像是一个人站着不动，只转动头部或身体，用眼睛向四周观看身边的环境。运营者在使用摇移运镜的手法

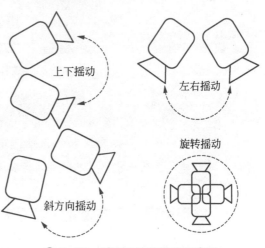

图5-29 摇移运镜的操作示意图

来拍摄视频时，可以借助手持稳定器更加方便、稳定地调整镜头方向，如图 5-30 所示。

拍摄视频时，机位和取景高度基本不变，镜头从左向右摇动，拍摄湖对岸的风光，如图 5-31 所示。在快速摇动镜头的过程中，需要注意的是，拍摄的视频画面会变得很模糊。

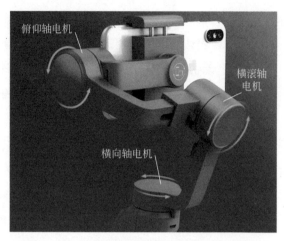

图 5-30　借助手持稳定器朝各方向转动镜头

图 5-31　摇移运镜

专家提醒

摇移运镜通过灵活变动拍摄角度，能够充分地展示主体所处的环境特征，可以让用户在观看短视频时产生身临其境的视觉体验感。

5.3.3　跟随运镜，强调视频的内容主题

跟随运镜与横移运镜比较类似，只是在方向上更为灵活多变，拍摄时摄

影者可以始终跟随人物前进，让主角一直处于镜头中，从而产生强烈的空间穿越感，其操作示意图如图5-32所示。跟随运镜适用于拍摄采访类、纪录片以及宠物类等短视频题材，能够很好地突出内容主题。

图5-32　跟随运镜的操作示意图

运营者使用跟随运镜拍摄短视频时，需要注意如下事项：镜头与人物之间的距离须始终保持一致；重点拍摄人物的面部表情或肢体动作的变化；跟随的路径可以是直线，也可以是曲线。

摄影者在人物主体后采用跟随运镜方式拍摄的短视频，镜头与人物基本保持等距，同时向前方移动，能够产生第一视角的画面即视感，如图5-33所示。

图5-33　跟随运镜

5.3.4　升降运镜，体现主体宏伟壮观的气势

升降运镜是指镜头的机位朝上下方向运动，从不同的角度来拍摄场景。升降运镜适合拍摄气势宏伟的建筑物、高大的树木、雄伟壮丽的高山以及人物的局部细节。上升运镜的操作示意图如图 5-34 所示。

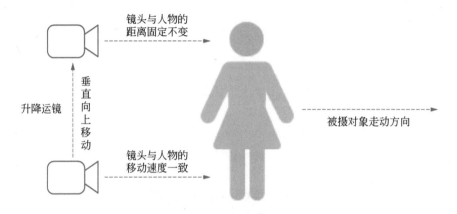

图 5-34　上升运镜的操作示意图

使用升降运镜拍摄短视频时，需要注意以下事项。

- 拍摄时可以通过切换不同的角度和方位来移动镜头，如垂直上下移动、上下弧线移动、上下斜向移动以及不规则的升降方向。

- 在画面中可以纳入一些前景元素，以此来表现空间的纵深感，让用户感觉主体对象更加高大。

5.3.5　环绕运镜，增加视频画面的张力

环绕运镜即镜头围绕着被摄对象 360° 环拍，这样的运镜方式操作难度比较大，而且在拍摄时旋转的半径和速度需要基本保持一致，其操作示意图如图 5-35 所示。

在使用环绕运镜拍摄视频的过程中，可以结合推拉运镜，不断地切换近景、全景、远景、特写等景别，让画面中的情节叙述和情感表达等更有表现力。其次，运营者在采用此方法拍摄短视频时，一定要让画面运动起来，从而增强视频的感染力。

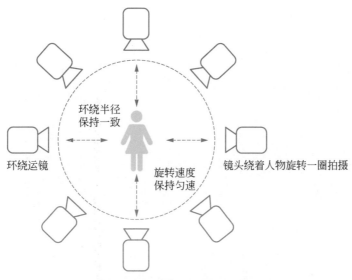

图 5-35 环绕运镜的操作示意图

专家提醒

环绕运镜可以拍摄出被摄对象周围 360° 的环境和空间，同时还可以配合其他运镜方式，来增强画面的视觉冲击力。如果人物在拍摄时处于移动状态，环绕运镜的操作难度会更大，运营者可以借助手持稳定器等设备来稳定镜头，让旋转拍摄的过程更为平滑、稳定。

第 6 章

后期剪辑：
打造爆款短视频

学前提示

　　本章将剪辑多个视频的流程分为前、后两期，前期主要介绍剪辑多个视频的基础操作，后期主要介绍难度更高、用以提升视频精致度的操作。

　　学习这些剪辑技巧，让运营者在拍摄完视频素材后，还能学会在手机中剪辑视频，快速制作成品视频，并且能使视频画面具有大片感！

要点展示

·制作爆款的基础操作　　　　　　·增加视频的大片风采

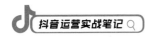

6.1 制作爆款的基础操作

热门的 Vlog 以及旅拍视频大多都由多个视频素材剪辑而成。多个视频剪辑的处理会比单个视频多一些操作，但大部分的操作过程都是类似或者相通的，运营者可以多练习，提炼和总结要点，以便能在之后的剪辑中融会贯通。

本节将为大家介绍多个视频的基础剪辑，也就是前期剪辑，内容包括导入素材、设置变速以及添加转场等，最终效果如图 6-1 所示。

图 6-1　最终效果

专家提醒

在对多个视频进行剪辑时，可以先对视频素材进行排序，然后再依次导入到剪映 App 中，这样能够提升视频剪辑的效率。

6.1.1 导入素材，添加视频和卡点音乐

在剪映 App 中添加多段视频时，需要将其按顺序依次导入，导入多段视频之后，再添加预先在抖音收藏好的卡点音乐，效果展示如图 6-2 所示。

图 6-2　效果展示

添加多段视频和卡点音乐的操作方法如下。

步骤 01 进入剪映主界面，点击"开始创作"按钮，如图6-3所示。

步骤 02 ❶ 在"视频"界面中依次选择准备好的视频素材（以7段为例）；
❷ 点击"添加"按钮，如图6-4所示。

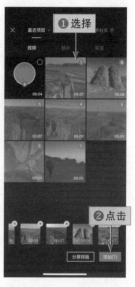

图6-3 点击"开始创作"按钮　　　图6-4 点击"添加"按钮

步骤 03 添加素材至视频轨道中，点击"音频"按钮，如图6-5所示。

步骤 04 在弹出的二级工具栏中点击"抖音收藏"按钮，如图6-6所示。

图6-5 点击"音频"按钮　　　图6-6 点击"抖音收藏"按钮

步骤 05 点击所选音乐右侧的"使用"按钮，如图 6-7 所示。

步骤 06 "使用"后即可添加卡点音乐至音频轨道中，如图 6-8 所示。

图 6-7 点击"使用"按钮

图 6-8 添加卡点音乐

专家提醒

此处添加的音乐来自抖音短视频平台，而且在抖音收藏其他视频中的音乐，在剪映中登录同一个账号就可以在剪辑中进行添加。

6.1.2 设置变速，添加不同效果并调整时长

为了让视频具有动感，可以为视频素材设置"曲线变速"效果，让视频配合音乐的节奏，调整其播放速度，之后再调整素材的时长，效果展示如图6-9所示。

图 6-9 效果展示

设置"曲线变速"的操作方法如下。

步骤 01 ❶ 选择音频素材；❷ 点击"节拍"按钮，如图 6-10 所示。

步骤 02 弹出相应的面板，❶ 点击"自动踩点"按钮；❷ 选择"踩节拍
Ⅰ"选项；❸ 点击"✅"按钮确认操作，如图 6-11 所示。

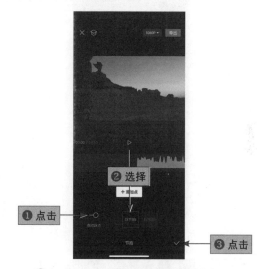

图 6-10 点击"节拍"按钮　　　图 6-11 点击相应按钮确认操作

步骤 03 假设准备了 7 段视频。先向左拖曳第 1 段视频素材右侧的白色
边框，设置其时长为 2.8s，如图 6-12 所示。

步骤 04 ❶ 选择第 2 段视频素材；❷ 点击"变速"按钮，如图 6-13 所示。

图 6-12 设置视频素材的时长　　　图 6-13 点击"变速"按钮

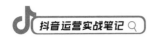

步骤 05 在弹出的面板中点击"曲线变速"按钮，如图 6-14 所示。

步骤 06 在"曲线变速"面板中选择"蒙太奇"选项，如图 6-15 所示。

图 6-14 点击"曲线变速"按钮

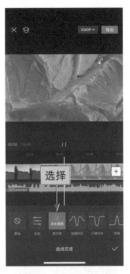

图 6-15 选择"蒙太奇"选项（1）

步骤 07 ❶ 选择第 3 段视频素材；❷ 继续选择"蒙太奇"选项，如图 6-16 所示。

步骤 08 ❶ 选择第 4 段视频素材；❷ 选择"英雄时刻"选项，如图 6-17 所示，剩下的 3 段视频素材都选择"蒙太奇"曲线变速选项。

图 6-16 选择"蒙太奇"选项（2）

图 6-17 选择"英雄时刻"选项

步骤 09 设置第 2 ～ 6 段视频素材的时长为 2.1s，设置第 7 段视频素材的时长为 2.6s，将其大致对齐卡点音乐素材中的小黄点，如图 6-18 所示。

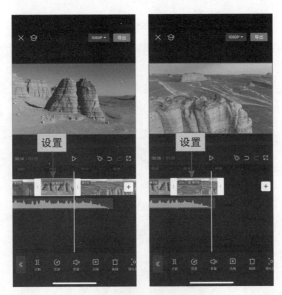

图 6-18　设置视频素材的时长

6.1.3　添加转场，让视频画面过渡更加自然

转场效果要求有两段及两段以上的视频素材，设置合适的转场效果，可以让视频画面过渡得更加自然，效果展示如图 6-19 所示。

图 6-19　效果展示

为素材之间设置转场的操作方法如下。

步骤 01 以多段视频素材为例，点击第 1 段视频素材与第 2 段视频素材之间的按钮◻，如图 6-20 所示。

步骤 02 弹出相应的面板，❶ 切换至"运镜"选项卡；❷ 选择"推近"转

场；❸点击"全局应用"按钮，如图 6-21 所示。

步骤 03 弹出相应的应用提示，可以看到所有视频素材之间都设置了统一的转场效果，如图 6-22 所示。

图 6-20　点击相应按钮

图 6-21　点击"全局应用"按钮

图 6-22　设置统一的转场效果

6.2　增加视频的大片风采

运营者在视频剪辑的前期，对视频素材做好剪辑的基础操作后，便进入了视频剪辑的后期。该部分主要包括视频调色、添加特效、制作片头以及片尾等，它们能够提升视频的精致度与高级感，增添视频的大片风采。经过后期剪辑，多个视频剪辑后呈现的最终效果如图 6-23 所示。

图 6-23　最终效果

6.2.1　素材调色，统一处理和精准处理

针对多段素材的调色，可以使用"全局应用"按钮一键调色，也可以对某个视频进行精准调色，其原图与效果图的对比如图 6-24 所示。

图 6-24　原图与效果对比

为多段素材进行统一和精准调色处理的操作方法如下（以7段视频素材为例）。

步骤 01 ❶ 选择第1段视频素材；❷ 点击"滤镜"按钮，如图 6-25 所示。

步骤 02 进入"滤镜"选项卡，❶ 展开"风景"选项区；❷ 选择"橘光"滤镜；❸ 设置参数为 34；❹ 点击"全局应用"按钮，如图 6-26 所示，把滤镜效果应用到所有的视频素材中。

图 6-25　点击"滤镜"按钮　　　**图 6-26　点击"全局应用"按钮（1）**

步骤 03 ❶ 切换至"调节"选项卡；❷ 选择"亮度"选项；❸ 设置其参数为 6，稍微提升画面的亮度，如图 6-27 所示。

步骤 04 将"对比度"参数设置为 10，增加画面的明暗对比度，如图 6-28 所示。

图 6-27 设置"亮度"参数

图 6-28 设置"对比度"参数

步骤 05 设置"饱和度"参数为 16，让画面色彩更鲜艳些，如图 6-29 所示。

步骤 06 ① 设置"色温"参数为 10，让画面偏暖色调；② 点击"全局应用"按钮，如图 6-30 所示，把调节效果应用到所有的视频素材中。

图 6-29 设置"饱和度"参数

图 6-30 点击"全局应用"按钮（2）

步骤 07 ❶ 选择第6段视频素材；❷ 点击"调节"按钮，如图6-31所示。

步骤 08 将"色温"参数设置为20，让画面偏橙黄一些，如图6-32所示。

步骤 09 将"饱和度"参数设置为0，降低饱和度，让画面更自然，如图6-33所示。

图 6-31 点击"调节"按钮

图 6-32 设置"色温"参数

步骤 10 将"色调"参数设置为6，让天空边缘增加一点紫色，如图6-34所示。

步骤 11 执行操作后，选择第7段视频素材，点击"调节"按钮，如图6-35所示，执行操作后，选择HSL选项。

步骤 12 进入HSL面板，❶ 选择蓝色选项⬤；❷ 设置"色调"参数为−26、"饱和度"参数为35，让画面中蓝色的色彩偏浓烈些，如图6-36所示。

图 6-33 设置"饱和度"参数

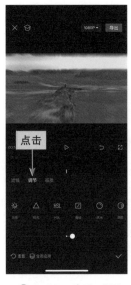

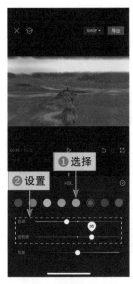

图 6-34 设置"色调"参数 　　图 6-35 点击"调节"按钮 　　图 6-36 设置相应参数

6.2.2　添加特效，使画面变得动感又酷炫

如果想让画面变得动感又酷炫，可以为视频添加相应的动感特效，增加画面的亮点，效果展示如图 6-37 所示。

图 6-37　效果展示

添加动感酷炫特效的操作方法如下（以 7 段视频素材为例）。

步骤 01 ❶ 拖曳时间轴至第 3 段视频素材中间的位置；❷ 依次点击"特效"按钮和"画面特效"按钮，如图 6-38 所示。

步骤 02 弹出相应的面板，❶ 切换至"动感"选项卡；❷ 选择"闪黑Ⅱ"特效；❸ 点击"✓"按钮确认操作，如图 6-39 所示。

步骤 03 调整"闪黑 Ⅱ"特效的时长，使其末尾位置对齐第 3 段视频素材的末尾位置，如图 6-40 所示。

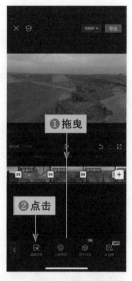

图 6-38 点击"画面特效"按钮

图 6-39 点击相应按钮

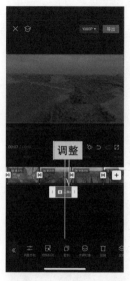

图 6-40 调整"闪黑 Ⅱ"特效

6.2.3 制作片头，精彩文字介绍视频主题

一个精彩的片头可以吸引用户，使其对视频产生兴趣。在片头添加合适的文字还能介绍视频的主题，让观众把握视频的精华，效果展示如图 6-41 所示。

图 6-41 效果展示

制作精彩文字片头的操作方法如下。

步骤 01 在视频素材的起始位置点击"文本"按钮，如图 6-42 所示。

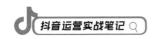

步骤 02 在弹出的二级工具栏中点击"新建文本"按钮，如图 6-43 所示。

步骤 03 执行操作后，❶ 输入文字内容；❷ 在"书法"选项区中选择合适的字体，如图 6-44 所示。

图 6-42 点击"文本"按钮

图 6-43 点击"新建文本"按钮

图 6-44 选择合适的字体

步骤 04 ❶ 切换至"样式"选项卡；❷ 选择黑色色块；❸ 调整文字的位置，使其处于画面的右上角，如图 6-45 所示。

步骤 05 执行操作后，❶ 切换至"动画"选项卡；❷ 选择"右上弹入"入场动画，如图 6-46 所示。

步骤 06 ❶ 展开"出场"选项区；❷ 选择"右上弹出"动画，如图 6-47 所示。

步骤 07 点击✓按钮确认操作，❶ 调整文字的时长，使其对齐第 1 段视频素材的末尾位置；❷ 在视频素材 1s 左右的位置点击◇按钮添加关键帧，如图 6-48 所示。

步骤 08 ❶ 拖曳时间轴至视频素材 2s 左右的位置；❷ 微微放大文字并调整其位置，如图 6-49 所示。

步骤 09 在入场动画结束的位置点击"添加贴纸"按钮，如图 6-50 所示。

图 6-45　调整文字的
位置

图 6-46　选择"右上
弹入"入场动画

图 6-47　选择"右上
弹出"动画

图 6-48　添加关键帧

图 6-49　调整文字的
大小和位置

图 6-50　点击"添加
贴纸"按钮

步骤 10 ❶ 输入并搜索"箭头"；❷ 选择一款合适的贴纸，如图 6-51
所示。

步骤 11 ❶ 调整贴纸的时长；❷ 点击"镜像"按钮翻转贴纸；❸ 调整贴
纸的大小和位置，使其位于文字的下方，如图 6-52 所示。

图 6-51　选择一款贴纸　　　　图 6-52　调整贴纸的位置和大小

6.2.4　设计片尾，实现求关注及引流效果

在视频结束的时候，可以制作求关注的片尾效果，在其中展示视频发布者的头像、提示观众关注作者，从而实现用视频进行引流的目的，效果展示如图 6-53 所示。

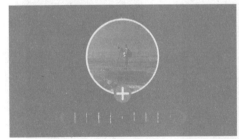

图 6-53　效果展示

制作求关注片尾效果的操作方法如下（以 7 段视频素材为例）。

步骤 01　在第 7 段视频素材的末尾位置点击"＋"按钮，如图 6-54 所示。

步骤 02　在"照片"界面中选择头像素材，如图 6-55 所示。

步骤 03　❶切换至"素材库"界面；❷在"热门"选项区中选择黑场素材；❸点击"添加"按钮，如图 6-56 所示。

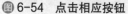

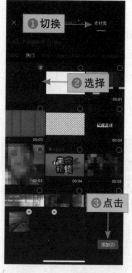

图 6-54　点击相应按钮　　　图 6-55　选择头像素材　　　图 6-56　点击"添加"按钮

步骤 04　❶ 选择头像素材；❷ 点击"切画中画"按钮，如图 6-57 所示。

步骤 05　将素材切换至画中画轨道，点击"新增画中画"按钮，如图 6-58 所示。

步骤 06　❶ 选择相应的片尾绿幕素材；❷ 点击"添加"按钮，如图 6-59 所示。

图 6-57　点击"切画　　　图 6-58　点击相应按钮　　　图 6-59　点击"添加"
　　　中画"按钮　　　　　　　　　　　　　　　　　　　　　　按钮

135

步骤 07 ❶ 调整绿幕素材的画面大小；❷ 依次点击"抠像"按钮和"色度抠图"按钮，如图 6-60 所示。

步骤 08 拖曳取色器圆环，在画面中取样绿幕的颜色，如图 6-61 所示。

步骤 09 ❶ 选择"强度"选项；❷ 设置其参数为 100，抠除绿幕，如图 6-62 所示。

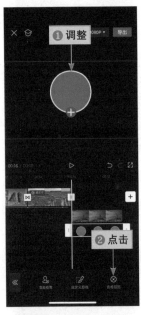

图 6-60　点击"色度抠图"按钮

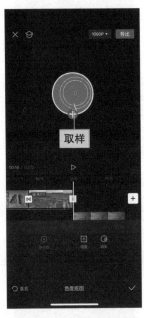

图 6-61　取样绿幕的颜色

图 6-62　设置参数为100

步骤 10 ❶ 选择"阴影"选项；❷ 设置其参数为 50，增加阴影，如图 6-63 所示。

步骤 11 ❶ 选择头像素材；❷ 微微调整其位置，让人物居中，如图 6-64 所示。

步骤 12 在头像素材的起始位置点击"文本"按钮，如图 6-65 所示。

步骤 13 在弹出的二级工具栏中点击"文字模板"按钮，如图 6-66 所示。

步骤 14 ❶ 展开"互动引导"选项区；❷ 选择一款文字模板；❸ 调整文字的大小和位置，引导观众在看完视频之后关注视频发布者，如图 6-67 所示。

图6-63　设置参数为50

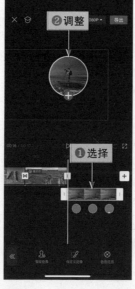

图6-64　调整头像的位置

图6-65　点击"文本"按钮

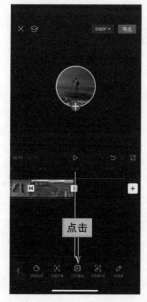

图6-66　点击"文字模板"按钮

图6-67　调整文字的大小和位置

第 7 章

抖音开店：
做好创业第一步

学前提示

运营者想要在抖音开店，首先要学习如何开通抖音小店。拥有属于自己的抖音小店后，运营者还需要对店铺进行有序的运营，让店铺获得更多订单。

本章将重点讲解店铺运营的干货知识，帮助运营者通过多个技巧优化店铺的运营，更好地打造出爆款商品。

要点展示

· 开通店铺做好运营管理工作　　　　· 商品运营实现带货出单

· 通过售后服务增加回头率

7.1　开通店铺做好运营管理工作

近年来，线上购物呈现快速增长的态势，越来越多的用户通过线上平台进行购物。除了淘宝、京东和拼多多等电商平台之外，各短视频平台也成了很多用户的重要购物渠道。而抖音又是近年来发展得比较好的短视频平台之一，因此很多用户养成了看抖音种草视频和直播来购物的习惯。

在抖音平台中运营者要通过短视频和直播销售商品，需要先通过"抖音精选联盟"将商品添加到橱窗中，而抖音小店与"抖音精选联盟"又密切相关，运营者可以直接通过抖音小店的后台将商品上传至"抖音精选联盟"中，所以许多运营者开通了自己的抖音小店。

本节主要介绍抖店的入驻方式、规划推广、订单管理、账号切换、新手任务以及店铺会员的相关内容，帮助运营者打造属于自己的抖音小店。

7.1.1　抖音小店，多种入驻方法

抖音小店覆盖服饰鞋包、珠宝文玩、美妆、家电、个护、母婴和智能家居等多个品类，大部分在线下有实体店或者在电商平台开通了网店的运营者，都可以注册和自己业务范围一致的抖店。

抖音小店包括旗舰店、专卖店、专营店、普通店等多种店铺类型，运营者可以在电脑上进入抖店官网的"首页"页面，选择"手机号码入驻""抖音入驻""头条入驻""火山入驻"等多种入驻方法中的一个进行入驻，如图 7-1 所示。

图 7-1　抖店官网的"首页"页面

登录抖店平台之后，会自动跳转至"请选择主体类型"页面，如图7-2所示。运营者需要在该页面中根据自身的运营范围选择合适的主体类型（即单击对应主体类型下方的"立即入驻"按钮）。接下来，运营者需填写主体信息和店铺信息，并进行资质审核和账户验证，最后缴纳保证金，这样就完成了抖店的入驻。

图7-2 "请选择主体类型"页面

7.1.2 规划推广，有效提升流量转化

目前，抖店的流量主要来源于直播间、短视频和自然搜索，运营者既可以通过创意十足的带货内容获取直播和短视频的流量，也可以通过达人推荐、测评来获取自然搜索流量。

另外，抖店常用的推广方式还有优惠券、限时限量购、满减活动、定时开售等。运营者需要正确地使用这些推广方式，从而有效地提升流量的转化与扩大商品推广效果。

以达人合作推广为例，运营者选择的达人越优质，则抖店获取的流量就越精准，同时商品转化率也会越高。运营者可以借助抖店后台中的"精选联盟"功能，高效、精准地寻找带货达人，与其快速达成合作。

另外，在巨量百应平台的"服务大厅"板块中有一个"达人广场"选项，运营者可以在该页面中查找达人，如图7-3所示，并选择与之建联（即建立联系）。

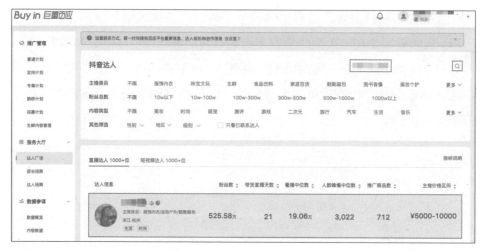

图 7-3 "达人广场"页面

运营者可以在"达人广场"页面中筛选达人并下单，与心仪的达人进行合作。具体来说，运营者可以从"主推类目""粉丝数""带货直播天数"等方面，对达人进行筛选。选择相应的达人后，即可进入达人详情页，在此页面运营者可以通过"带货口碑"和相关数据对达人进行深度分析，最终筛选出适合的达人，如图 7-4 所示。

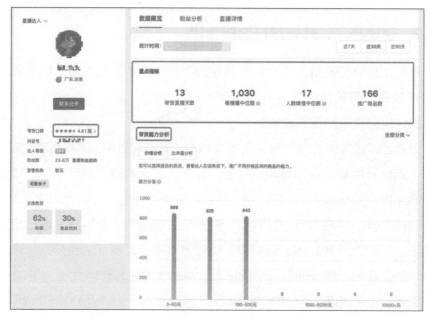

图 7-4 达人详情页

达人详情页中包括"数据概览""粉丝分析""直播详情"板块，这些板块中依次呈现出达人账号的数据概览、粉丝数据和直播数据。运营者可以根据自身的需求，选择合适的板块进行对达人账号的数据分析。

筛选到合适的达人之后，运营者可以与达人建联，就合作的相关事宜进行协商。确定要与其合作之后，运营者可以创建专属计划任务或定向计划任务，在巨量百应平台中下单。只要达人接受该任务，运营者便可以与其达成合作。

7.1.3 店铺订单，管理订单的相关技巧

用户在购买抖店中的商品之后，运营者需要根据订单及时地给用户发货，这不仅是履约，也是增加店铺复购率必须做好的一件事。为了帮助运营者做好店铺订单管理工作，提高发货的效率，运营者需要学习并掌握一些订单管理的技巧。

其中，订单发货管理就是根据抖店的订单进行有序发货，而抖店推出了"批量发货"功能，能够帮助运营者提高发货的效率。具体操作步骤如下。

步骤 01 进入抖店后台，在左侧导航栏中选择"订单 | 批量发货"选项，进入"批量发货"页面，单击页面中的"下载模板"按钮，如图7-5所示，根据模板编辑订单信息，单击"立即上传"按钮，上传编写好的订单信息。

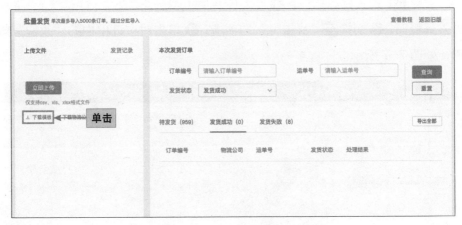

图 7-5 单击"下载模板"按钮

步骤 02 执行操作后，页面左侧会显示上传好的文件，同时页面右侧的"待发货"选项卡中会出现相关的订单信息。接下来，❶ 选中相应订单前方的复选框；❷ 单击页面下方的"批量发货"按钮，如图7-6所示。

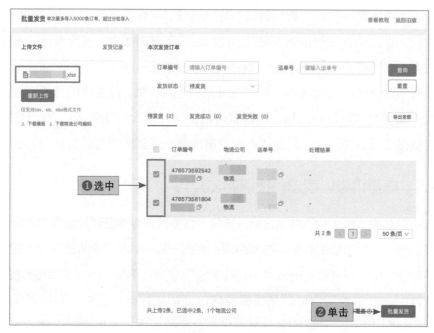

图 7-6　单击"批量发货"按钮

另外，如果用户和运营者就商品的价格进行了协商调整，或者运营者发现订单价格不正确，此时还可以通过抖店后台的"改价"功能修改订单中的商品价格。

步骤 01　进入抖店后台，❶ 在左侧导航栏中选择"订单 | 订单管理"选项进入其页面；❷ 切换至"待支付"选项卡；❸ 单击对应订单中的"改价"按钮，如图 7-7 所示。

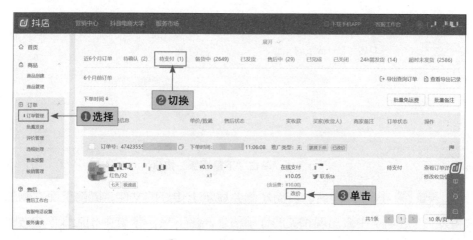

图 7-7　单击"改价"按钮

步骤 02 执行操作后，会弹出"改价"对话框，此时运营者可以利用"一键改价"功能快速修改价格，也可以在"改价"和"运费"文本框中"自定义"修改价格，同时系统会自动计算出"买家实付（含运费）"的价格，如图7-8所示。

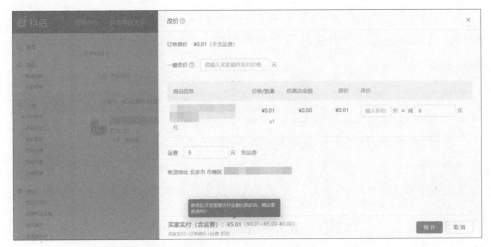

图7-8 "改价"对话框

7.1.4 多个抖店，快速完成账号切换

如果运营者使用同一个手机号注册了多家店铺，那么便可以通过如下操作切换店铺，进入对应店铺账号的后台。

进入抖店后台的首页页面后，❶单击页面右侧的"👤"图标；❷在弹出的列表框中选择"切换店铺"选项，如图7-9所示。

图7-9 选择"切换店铺"选项

执行操作后，即可进入"选择店铺"页面。运营者只需单击对应店铺下方

的"进入店铺"按钮，即可进入对应的店铺账号的后台，快速完成对店铺账号的切换。

7.1.5 新手任务，完成获得流量奖励

入驻抖店平台之后，运营者应及时完成新手任务，这不仅可以熟悉相关操作，而且能在完成任务之后获得专属流量，下面就来为大家介绍其具体的操作步骤。

> **专家提醒**
>
> "任务中心"页面中包括 4 个选项卡，即"能力认证""新手启动""提升流量"和"经营进阶"。这些选项卡中都有一些对应的任务，运营者可以根据需要先完成某个板块的任务，也可以根据板块的呈现顺序依次完成各任务。

步骤 01 进入抖店后台，依次单击左侧导航栏中的"店铺"按钮和"任务中心"按钮，即可进入"任务中心"页面，如图 7-10 所示。该页面中会为运营者展示需要完成的各种任务，选定任务后，单击对应任务后方的"去投稿"按钮。

图 7-10 进入"任务中心"页面

步骤 02 执行操作后，会自动跳转至对应任务的操作入口页面，运营者只需根据提示进行操作，便可完成对应的任务。

7.1.6 店铺会员，内容更好地触达客户

抖音电商上线了"店铺会员"功能，运营者可以引导用户加入店铺会员，让营销内容更好、更及时地触达目标用户，从而有效地提升店铺的收益。当然，如果运营者想在抖音平台中直接引导用户加入店铺会员，还得先在抖店后台开通会员功能。以下将介绍开通会员功能的具体操作。

运营者进入抖店后台后，❶ 单击左侧导航栏中的"人群触达"按钮，即可看到"开通会员"的相关信息；❷ 选中"我已阅读并同意《抖店会员通功能服务协议》"复选框；❸ 单击"立即开通"按钮，如图 7-11 所示。

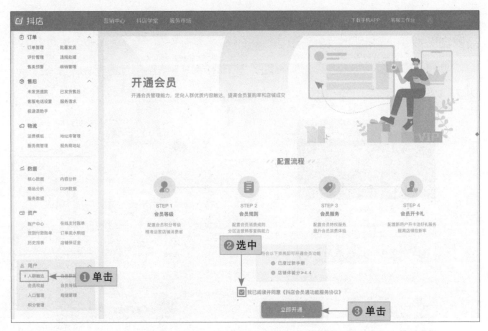

图 7-11 单击"立即开通"按钮

运营者只需根据提示进行操作，即可成功开通会员功能。成功开通会员功能后，抖店后台左侧的导航栏中会出现"会员"板块，运营者可以进入该板块对店铺会员的相关信息进行设置。

7.2 商品运营实现带货出单

商品运营是抖店运营工作中的重中之重，这其中包括选品、定价、上货等多个环节。很多运营者虽然知道抖店商品运营的重要性，但仍然在商品运营的环节上遇到各种问题。因此，本节将详细介绍商品运营的相关技巧，包括选品渠道、选品技巧、上架商品以及商品橱窗等内容。

7.2.1 选品渠道，扩展多个渠道

目前，抖店提供的选品渠道非常丰富，包括抖音选品广场、头部达人直播间、优质同行店铺、蝉妈妈等，运营者可以将所有与商品相关的渠道都进行尝试，看看哪个渠道的商品质量最优、价格最低、供应链最完善。

下面以抖音选品广场为例，介绍利用该渠道选品的操作方法。

步骤 01 进入抖音 App，❶ 点击"我"按钮，进入其界面；❷ 点击"商品橱窗"按钮，如图 7-12 所示。

步骤 02 进入"商品橱窗"界面，在该界面中点击"选品广场"按钮，如图 7-13 所示。

图 7-12　点击"商品橱窗"按钮

图 7-13　点击"选品广场"按钮

步骤 03 执行操作后，进入"抖音电商精选联盟"界面的"选品中心"选项卡，如图 7-14 所示，运营者可以根据"万人团""橱窗好品""短视频热卖""直播课代表""超值购""联盟活动""爆款榜""热点话题""9.9 秒杀"等功能筛选商品。

步骤 04 此外，❶ 运营者还可以在搜索框中输入商品名称（或店铺名称）；❷ 点击"搜索"按钮；❸ 在搜索结果中选择相应商品，如图 7-15 所示。

图 7-14 "选品中心"选项卡

图 7-15 选择相应商品

专家提醒

在"选品中心"选项卡页面的"精选推荐"选项区中，会根据运营者的历史推广记录和粉丝数量等情况，进行个性化的选品推荐。点击右上角的"链接"按钮，还可以添加抖店或外部平台的商品链接。

另外，在该页面的"合作商品"选项卡中，会根据合作类型展示内容，如专属推广、定向计划和运营者店铺等板块。

步骤 05 进入商品推广信息界面，在此可以查看该商品每单的预估利润、佣金率、售价、保障服务等，选择合适的商品后可以点击"加入橱窗"按

钮将该商品添加到商品橱窗中，如图 7-16 所示。

步骤 06 如果运营者还想进一步了解该商品，还可以点击"详情"按钮进入商品详情页，查看该商品的详细介绍，并决定是否选择添加该商品，如图 7-17 所示。

图 7-16　点击"加入橱窗"按钮

图 7-17　商品详情页

7.2.2　选品技巧，影响用户的购买意愿

在抖音平台上带货，选择的商品质量的好坏，会直接影响用户的购买意愿，因此运营者可以从以下 4 点来选择带货的商品。

1. 选择高质量的商品

抖店中不能出现"假货""三无商品"等伪劣商品，这属于欺骗消费者的行为，平台会给予严厉惩罚，因此运营者一定要本着对消费者负责的原则进行选品。

用户在运营者的店铺进行下单，必然是信任运营者。运营者选择优质的商品，既能加深用户对店铺的信任感，又能提高商品的复购率。

运营者可以做好以下几个方面，选择出高质量的商品，如图 7-18 所示。

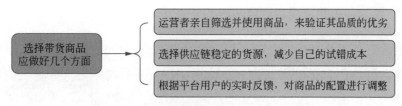

图7-18 选择带货商品应做好的几个方面

2. 选择与人设定位相匹配的商品

如果是网红或者明星进行带货，在商品的选择上，首先可以选择符合自身人设的商品。例如，作为一个"吃货"，那么运营者选择的商品可以是美食；作为一个健身博主，则运营者选择的商品可以是运动服饰、健身器材等；作为一个美妆博主，则运营者选择的商品可以是美妆品牌。

其次，商品要符合带货者的人设性格。例如，某明星要进行直播带货，这个明星的人设是"活泼、可爱"，那么她所带货的商品，品牌调性可以是活力、明快、个性、时尚或者新潮；如果某个网红是认真且严谨的人设，那么她所选择的商品可以是更侧重于高品质、具有优质服务的可靠商品，给用户一种严谨、值得信赖的感觉，同时也可以是具有创新性的科技商品。

3. 选择一组可配套使用的商品

运营者可以选择一些能够搭配销售的商品，做成"组合套装"进行出售，还可以利用"打折""赠品"的方式，吸引用户观看直播并下单。

用户在抖音平台上购买商品的时候，通常会对同类商品进行对比，如果运营者单纯利用降价或者低价的方式，可能会让用户对这些"低价"商品的质量产生疑虑。

但是，如果运营者利用"组合套装"的优惠方式，或者赠品的方式，既不会让用户对商品品质产生怀疑，也能在同类商品中体现出一定的性价比，这样能让用户内心产生"买到就是赚到"的想法，从而加快下单的节奏。

例如，在服装商品的直播间中，运营者可以选择一套已搭配好的衣服和裤子进行组合销售，这既可以让用户在观看直播时，觉得搭配好看而下单，还能让用户省去自己搭配服饰的麻烦。因此，这种"套装"的销售方式，对于不会穿搭的用户来说，既省时又省心，吸引力相对来说会更高。

4．选择一组商品进行故事创作

运营者在筛选商品的同时，可以利用商品进行创意构思，并加上场景化的故事，创作出有趣的带货脚本，让用户在观看直播的过程中产生好奇心，进行购买。

故事的创作可以是对某一类商品的巧妙利用，通过介绍这个商品"不寻常"的功效，在原有基础功能上进行创新，满足用户痛点（满足刚需）的同时，为用户带来更多痒点（满足欲望）和爽点（即时满足）。

另外，内容的创意构思也可以是对多个商品的妙用，或者是商品与商品之间的主题故事讲解等。

7.2.3 上架管理，提高用户购买概率

运营者选到合适的商品后，即可将商品上架到抖店中，这样用户才能在抖音平台上看到并购买商品。下面介绍在抖店平台中上架商品的具体操作方法。

步骤 01 进入抖店后台的"首页"页面，在左侧导航栏中选择"商品丨商品创建"选项，如图 7-19 所示。

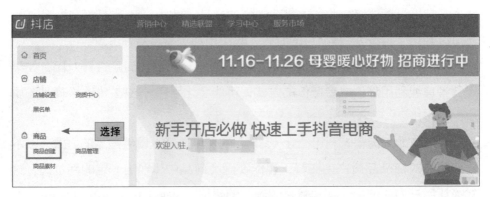

图 7-19 选择"商品创建"选项

步骤 02 执行操作后，进入"商品创建"页面，在"选择商品类目"选项区中，❶ 根据商品类别选择合适的类目；❷ 单击"下一步"按钮，如图 7-20 所示。

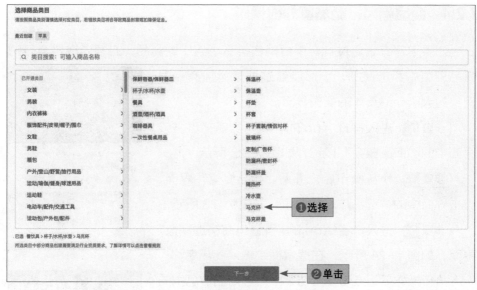

图 7-20 单击"下一步"按钮

步骤 03 执行操作后，进入商品创建页面的"基础信息"板块，如图 7-21 所示。在该板块中填写商品的相关信息，并单击"发布商品"按钮，即可提交商品的信息。接下来运营者只需根据系统提示，设置商品的图文内容、价格库存、服务与履约等相关信息，就能完成商品的创建。

图 7-21 "基础信息"板块

7.2.4　商品橱窗，拓宽赢利的渠道

如果运营者想通过抖音平台销售抖音小店中的商品，必须先在抖音号的商品橱窗中添加商品。下面以通过搜索添加商品为例，为大家介绍具体的操作步骤。

步骤 01　进入抖音 App 的"我"界面，点击该界面中的"商品橱窗"按钮，如图 7-22 所示。

步骤 02　执行操作后，进入"商品橱窗"界面，点击界面中的"选品广场"按钮，如图 7-23 所示。

步骤 03　进入抖音 App 的"抖音电商精选联盟"界面，如图 7-24 所示，在搜索框中输入商品名称。

执行操作后，点击搜索结果中对应商品信息中的"加橱窗"按钮，如果界面中显示"已加入橱窗，您可在发布视频时添加橱窗的商品进行推广"，就说明该商品已成功添加到自己的橱窗中。此时，如果运营者进入抖音号的商品橱窗，便可以看到刚刚加入橱窗的商品。

图 7-22　点击"商品橱窗"按钮

图 7-23　点击"选品广场"按钮

图 7-24　进入相应界面

7.3 通过售后服务增加回头率

售后服务也会对抖音小店的运营产生直接的影响。通常来说，售后服务做得好的店铺，会获得更多的回头客。本节就来为大家讲解售后服务的相关技巧，帮助运营者更好地促进店铺的成交并提高用户的回头率。

7.3.1 客服服务，增加用户的购物欲望

抖音小店的客服包括人工客服和机器人客服，相比于机器人客服，人工客服会更有温度，往往也更能提供满足用户需要的服务。所以，在通过人工客服向用户提供服务时，我们可以借助一些技巧增加用户的购物欲望。

例如，人工客服可以通过向用户发送优惠券，提高用户的消费意愿。需要说明的是，如果人工客服使用子账号接待用户，则需要获得权限才能给用户发送优惠券。具体来说，运营者可以通过如下操作给用户发送优惠券。

步骤 01 进入抖店后台子账号管理页面的岗位管理选项卡，单击对应子账号后方的编辑按钮，会弹出"编辑岗位"对话框。然后选中"优惠券"前方的复选框，如图 7-25 所示。

步骤 02 向上滑动对话框，❶选中"发送优惠券"前方的复选框；❷单击对话框下方的"保存"按钮，如图 7-26 所示，即可为对应子账号开通发送优惠券权限。

图 7-25 选中"优惠券"前方的复选框

图 7-26 单击"保存"按钮

步骤 03 执行操作后，使用对应子账号进入飞鸽客户端的聊天页面，
❶ 单击输入框中的 🖼 按钮，会弹出一个窗口；❷ 单击窗口中的"前往商家后台创建更多优惠券＞"按钮，如图 7-27 所示。

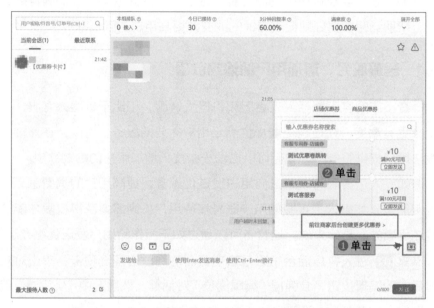

图 7-27　单击"前往商家后台创建更多优惠券＞"按钮

步骤 04 执行操作后，进入抖店后台的"新建客服专享券"页面，如图 7-28 所示。运营者只需根据提示在该页面中设置相关信息，并单击"提交"按钮，即可完成客服专享券的创建。

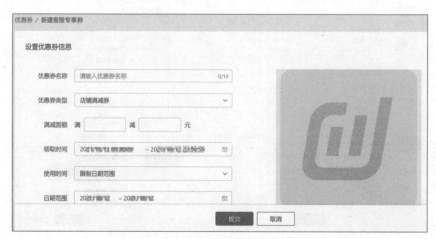

图 7-28　"新建客服专享券"页面

步骤 05 执行操作后，返回飞鸽客户端的聊天页面，此时单击输入框中的▣按钮，即可在弹出的对话框中看到刚刚新建的客服专享券，单击该客服专享券中的"立即发送"按钮，即可将其发送给用户。

7.3.2 售后处理，提高用户的满意率

在抖音小店的运营中，运营者可能会需要处理一些售后问题。而在这个过程中，运营者可以借助一些技巧提高售后的处理效率和用户的满意率，从而增加店铺的回头率。例如，为了方便给用户提供售后服务，运营者可以为对应订单打开售后入口。具体来说，运营者可以通过如下操作打开售后入口。

步骤 01 进入抖店后台的订单管理页面，单击对应订单中的"打开售后入口"按钮，如图 7-29 所示。

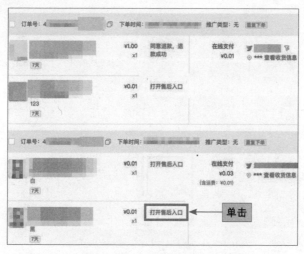

图 7-29　单击"打开售后入口"按钮

步骤 02 执行操作后，会弹出"是否打开订单售后入口？"对话框，单击对话框中的"打开"按钮，如图 7-30 所示，即可为对应订单打开售后入口。

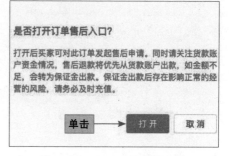

图 7-30　单击"打开"按钮

第 8 章

抖音开播：
玩转带货直播间

学前提示

运营者要想在抖音中实现赢利，直播是抖音平台除了短视频之外的一个重要板块。运营者要想把握好直播的内容，入门直播，先要掌握好一些抖音直播功能的知识、确保直播成功进行的方法和直播的雷区。

本章将全面讲解抖音直播的相关内容，包括了解直播、警惕雷区、提高赢利以及了解主播的基础要求等内容。

要点展示

· 了解抖音的直播功能　　　　　· 警惕抖音直播的雷区

· 提高直播的赢利能力　　　　　· 了解主播的基础要求

8.1　掌握抖音的直播功能

为了保证直播能够顺利进行，我们需要对直播的一些相关事项进行管理。本节将对抖音直播的开通方式和直播过程中容易出现的一些问题进行简单的说明，帮助运营者更好地进行直播。

8.1.1　直播入口，多种进入方式

随着抖音直播的兴起，越来越多的电商开始入驻抖音，利用好直播功能对商品进行推广，将会获得巨大流量。那么，大家知道抖音直播有几个入口吗？下面将对此内容进行详细介绍。

1. "关注"界面

"关注"界面中如果有抖音账号的头像下方出现"直播中"这 3 个字，那么只需点击头像即可进入直播间，如图 8-1 所示。

图 8-1　从"关注"界面进入直播间

2. "推荐"界面

进入抖音"推荐"界面，如果看到某个抖音账号的头像周围有一个红色圆框，且头像上方有"直播"这两个字，那么，只需点击其头像，便可直接进入

该账号的直播间，如图 8-2 所示。

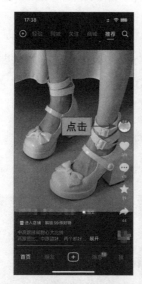

图 8-2　从"推荐"界面进入直播间

3. "直播广场"界面

"直播广场"上会对正在直播的抖音账号的相关画面进行展示，进入广场能看到不同类型的直播间。❶ 点击"推荐"界面左上角的" "按钮；❷ 在左侧弹出的界面中点击"直播广场"按钮，将会随机进入某个直播间，如图 8-3 所示。

图 8-3　从"直播广场"界面进入直播间

8.1.2　直播开通，主要的两种方式

抖音直播的开通方式主要有两种，一是直接开通，二是加入公会后开通。下面先来介绍如何直接开通抖音直播。直接开通抖音直播需要运营者年满 18 岁，在审核通过后，系统就会发来通知，告知你已获得开通抖音直播的资格，如图 8-4 所示。

当然，收到系统通知之后，还需要完成以下步骤，才能正式开启直播，如图 8-5 所示。

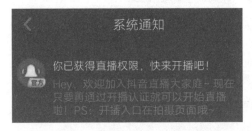

图 8-4　获得抖音直播权限的通知

图 8-5　开启直播前要完成的一些步骤

另外，加入公会也可以直接开通直播，但加入公会通常需要经人介绍。那么，如何加入公会呢？具体操作步骤如下。

步骤 01 登录抖音 App，❶ 点击"我"界面右上方的"▤"按钮；❷ 在弹出的列表框中选择"我的客服"选项，如图 8-6 所示。

步骤 02 操作完成后，进入"客服中心"界面，在"咨询场景"板块中选择"直播问题"选项，如图 8-7 所示。

步骤 03 操作完成后，进入"咨询场景"界面，点击下方的"在线咨询"按钮，如图 8-8 所示。

步骤 04 操作完成后，在咨询界面中输入"如何加入公会"，客服将会弹出对此问题的解答，如图 8-9 所示。

图 8-6　选择"我的客服"选项

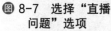

图 8-7　选择"直播问题"选项

图 8-8　点击"在线咨询"按钮

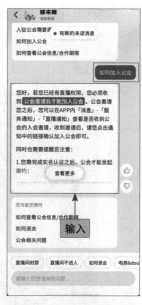

图 8-9　弹出对问题的解答

步骤05 操作完成后，可以看到抖音平台对于"如何加入公会"这个问题的解答，解答中明确表示，加入公会需要公会主动邀请，如图 8-10 所示。

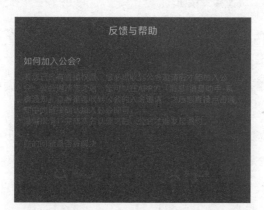

图 8-10　抖音平台对于"如何加入公会"的解答

8.1.3　开启直播，具体的操作步骤

对于抖音电商运营者来说，抖音直播是一种促进商品销售直接而又重要的方式。那么，如何开直播呢？下面就对开直播的具体步骤进行简单的说明。

步骤 01 登录抖音 App，进入视频拍摄界面，点击界面中的"开直播"按钮，如图 8-11 所示。

步骤 02 操作完成后即可进入"开直播"界面，如图 8-12 所示。

图 8-11　点击"开直播"按钮　　　　图 8-12　"开直播"界面

步骤 03 ❶ 在直播设置界面可以设置直播封面、标题等信息；❷ 点击"开始视频直播"按钮，如图 8-13 所示。

步骤 04 操作完成后即可进入抖音直播界面，点击界面中的"🖼"按钮，如图 8-14 所示。

步骤 05 操作完成后弹出"直播商品"面板，点击面板中的"添加直播商品"按钮，如图 8-15 所示。

步骤 06 进入"添加团购"面板，点击需要添加的商品右侧的"添加"按钮，如图 8-16 所示。

步骤 07 操作完成后，"团购管理"面板中将显示添加的商品，如图 8-17 所示。

步骤 08 另外，主播在讲解某商品时，可以在"直播商品"面板中，点击该商品下方的"讲解"按钮，此时商品封面下方将显示"讲解中"的字样，如图 8-18 所示。

图 8-13 点击"开始视频直播"按钮

图 8-14 点击相应按钮

图 8-15 点击"添加直播商品"按钮

图 8-16 点击"添加"按钮

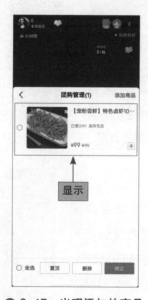

图 8-17 出现添加的商品

图 8-18 显示"讲解中"的字样

8.1.4 常见问题，解决方法及说明

在直播的过程中，运营者可能会遇到一些问题，那么这些问题要怎么解

决呢？下面就对直播中一些常见问题的解决方法进行简单的说明。

1. 直播时没有声音

如果运营者在直播时发生了讲话没有声音的情况，要如何解决呢？对于这个问题，抖音平台在"反馈与帮助"界面中给出了建议，如图 8-19 所示。

2. 直播时黑屏

只有画面，没有声音，直播的效果会大打折扣。同样的，只有声音，没有画面，也会在很大程度上影响直播的效果。那么，如果直播时出现黑屏，用户看不到直播画面，要怎么办呢？抖音在"反馈与帮助"板块中就该问题作出了解答，如图 8-20 所示。

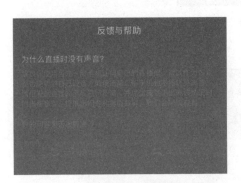

图 8-19　直播时没有声音的解决方案

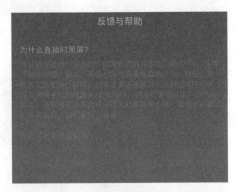

图 8-20　直播时黑屏的解决方案

3. 直播时卡顿

看直播就像在看影视剧，如果画面不流畅，观众的观看体验将会受到较大影响。对于直播时卡顿不流畅的情况，抖音也在"反馈与帮助"板块中提供了相应的解决方案，如图 8-21 所示。

图 8-21　直播时卡顿不流畅的解决方案

4. 直播的其他问题

除了上述这些问题之外，如果还遇到了其他问题该怎么办呢？抖音直播的"反馈与帮助"中有一个"开直播时遇到其他问题怎么办？"，运营者可以点击该界面下方的"意见反馈"按钮，如图 8-22 所示。操作完成后，即可进入"反馈"界面，如图 8-23 所示，运营者可以在此通过图片和文字向抖音进行反馈。

图 8-22　点击"意见反馈"按钮　　　　　图 8-23　"反馈"界面

8.1.5　直播空间，建立专业稳定的环境

运营者在运营抖音直播的过程中，一定要注意抖音对视频直播内容的规范要求，切不可逾越雷池，以免辛苦经营的账号被平台封禁。另外，在打造直播内容、商品及相关服务时，运营者切记首先要遵守相关法律法规，只有合法的内容才能得到承认，才可以在互联网中得到快速传播。

因此，要建立一个专业的直播空间，主要包括以下 4 个方面。

• 直播室要有良好、稳定的网络环境，保证直播时不会掉线或出现卡顿，不会影响用户的观看体验。如果是在室外直播，建议选择无限流量的网络套餐。

• 购买一套好的电容麦克风设备，给用户带来更好的音质体现，同时也将自己的真实声音展现给用户。

• 购买一个好的手机外置摄像头，让直播画面更加高清，给用户留下更好的外在形象，当然也可以通过美颜等功能来给自己的颜值加分。

• 其他设备还需要准备桌面支架、三脚架、补光灯、手机直播声卡以及高保真耳机等。例如，直播补光灯可以根据不同的场景调整画面亮度，具有

美颜、亮肤等作用。手机直播声卡可以实现高保真收音，无论是高音或低音都可以还原得更真实。

8.1.6 积极互动，拉近与用户的距离

抖音直播有许多种与用户互动的方式，包括评论区互动以及礼物互动等，这样可以让普通用户的体验感更强。下面介绍抖音直播的两种互动方式。

（1）评论互动：❶ 用户可以点击"说点什么"；❷ 在弹出的文本框中输入文字内容；❸ 点击"发送"按钮，便可以发布评论，如图 8-24 所示。此时主播要多关注这些评论内容，并选择一些有趣的或和商品相关的评论进行互动。

图 8-24　发布评论

（2）礼物互动：礼物是直播平台最常用的互动形式。抖音直播间的礼物名字都比较特别，不仅体现出浓浓的"抖音文化"，也非常符合当下年轻人的使用习惯以及网络流行文化，如"抖音""你最好看"等，如图 8-25 所示。

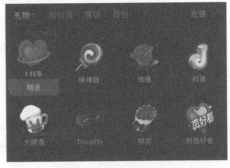

图 8-25　直播间礼物

8.1.7 直播商品，添加与删除操作

运营者在直播中要想将商品销售出去，最直接的方法就是在购物车中添加商品，为用户提供购买渠道。当商品库存不足时，为了保证能及时发货，运营者就需要将购物车中的商品进行删除。那么，如何添加和删除直播商品呢？下面对此分别进行说明。

1. 添加商品

在抖音直播中主要通过两种方法添加商品，一种是在开播时通过"商品"按钮直接添加商品，另一种是在直播过程中添加商品。下面来介绍在直播过程中添加商品的操作方法。

步骤 01 进入抖音直播界面，点击界面下方的"📷"按钮，如图 8-26 所示。

步骤 02 执行操作后，会弹出"团购管理"面板，点击面板中的"添加商品"按钮，如图 8-27 所示。

图 8-26　点击相应的按钮

图 8-27　点击"添加商品"按钮

步骤 03 执行操作后，进入"添加团购"界面，点击商品右侧的"添加"

按钮，如图 8-28 所示。

步骤 04 执行操作后，若界面中显示"商品已添加到货架"，就说明商品添加成功了，如图 8-29 所示。

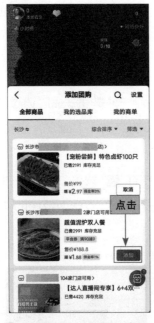

图 8-28 点击"添加"按钮

图 8-29 商品添加成功

专家提醒

运营者在添加商品前要对商品进行全方位的了解，分析商品的详细信息，思考其是否符合自身的人设以及直播间的风格，再进行添加。

2. 删除商品

运营者可以直接在直播过程中删除商品，具体操作方法如下。

步骤 01 进入"团购管理"界面，❶ 选中需要删除的商品左侧的复选框；❷ 点击"删除"按钮，如图 8-30 所示。

步骤 02 执行操作后，若界面中显示"团购商品已移除"，就说明商品删除成功了，如图 8-31 所示。

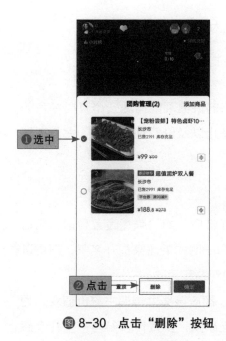

图 8-30 点击"删除"按钮

图 8-31 商品删除成功

8.2 警惕抖音直播的误区

随着直播行业的不断深入发展，直播的内容也越来越广泛。但在进行直播时，运营者不免会走入一些误区，陷入误区并不可怕，可怕的是不清楚误区在哪里。

本节将带领大家一起了解清楚直播存在的误区，帮助大家积极采取措施来避免踏入误区或者陷入风险。

8.2.1 盲目从众，确定直播的目的

直播不仅仅是一种风靡一时的营销手段，还是一个能够实实在在为运营者带来盈利的优质方法。当然，运营者要注意的是，不能片面地把直播看成是一个噱头，而是要全面地认识它，借其大大提升营销转化的效果。

特别是对于一些以销售为主的运营者而言，单单利用网红打造气氛，还不如直接让用户在直播过程中进行互动，从而调动用户参与的积极性。

比如，某品牌在周年庆进行直播，用户不仅可以在抖音上直接观看直播，分享到微信朋友圈，还可以在直播过程中参与抽奖。这种充满趣味性的互动，

大大促进了用户与品牌的互动，并将其转化为购买力。

8.2.2 三观不正，注意价值观的传递

在进行直播运营时，直播内容传递出来的价值观能体现一个直播平台的优劣与否。运营者在直播时，要注意言行举止以及价值观的传达，尤其不能有以下的行为和观点。

1. 粗俗

粗俗的原意是指一个人的举止谈吐粗野庸俗，如"满嘴污言秽语，粗俗不堪"。也许，运营者可以靠"俗"博得用户一时的关注来提升名气，但难以得到主流社会的看好，而且还会存在很大的问题和风险。

因此，直播平台、品牌、企业或运营者，都应该努力传递主流价值观，为社会带来正能量。比如，运营者可以借助互联网，多宣传和参与一些社会慈善和公益活动，打造出一个助人为乐、传递正能量的形象，同时在互联网内容中要坚守道德底线并多弘扬社会道德，引导正面舆论，为广大网民树立正确的世界观、人生观和价值观。

2. 拜金

拜金主要是指崇拜金钱。虽然商业社会中人都是以赚钱为目的，但如果运营者唯利是图，做什么事情都只想着赚钱，不择手段且盲目地追求金钱利益，就是一种极端错误的价值观。

运营者在运营账号以及直播时，切不可盲目崇拜金钱，把金钱价值看作最高价值，其必须做到"拒绝拜金，坚守自我"的心态，要以服务用户为基础。

3. 物欲

物欲是指一个人对物质享受的强烈欲望，人在这种欲望的冲动下，可能会做出很多错误的事情。《朱子语类》中曾说过："众人物欲昏蔽，便是恶底心。"说的就是那些疯狂追求物欲的人，他们的心灵必定会空虚，而且还会经常做出一些荒唐的事情，这样下去最终只会让自己变成一个虚有其表、华而

不实的人。

因此，打造直播内容时应该将物质需求和精神追求相结合，多注重精神层次和幸福感，不能一味地追求物欲，否则运营者很容易被其牵着鼻子走。

8.2.3 内容雷同，谨防内容同质化

互联网上的短视频平台虽然很多，但其运营模式和内容形式千篇一律，同质化现象十分严重，这样容易让用户产生审美疲劳。在网红市场中，同质化竞争主要体现在内容方面，典型特点是同一类型的直播内容重复，而且替代性强。也许某个运营者今天红了，明天就被别人复制并取代了。

因此，运营者或企业在做内容营销时，不能一味地模仿和抄袭别人用过的内容，必须学会发散思维，摆脱老套噱头的模式。运营者可以从生活、学习、工作中寻找素材，这样才能制作出有持续吸引力的内容。

当然，随着IP(Intellectual Property，知识产权)市场的进一步成熟，会出现更多优质的原创内容，这也是市场发展的大势所趋。人物IP必须持续地生产内容，将IP衍生到各个领域，这样才可以实现更多渠道的流量赢利，才能拥有更强劲的生命力。

8.2.4 非法侵扰，注意他人隐私权

在直播内容方面，还存在侵犯他人肖像权和隐私权的问题。比如，一些网络直播将商场、人群作为直播背景，全然不顾他人上镜的意愿，这种行为极有可能侵犯他人肖像权和隐私权。

隐私权的特点有两方面：第一，隐私权具有私密性的特征，权利范围由个人决定；第二，隐私权由自己控制，公开什么信息全由个人决定。

我们处在公共领域，也并不意味着我们自动放弃了隐私权，可以随意被他人上传至直播平台。我们可以拒绝他人的采访，也有权决定是否出现在视频和直播之中，因为我们在公共空间中有权行使我们的隐私权。因此，在公共场合直播的这种行为是有风险的，运营者应该尽力避免，或提前与相关负责人进行沟通。

8.3　提高直播的赢利能力

直播是有一定方法和技巧的，如果主播能够掌握这些方法和技巧，就能有效提高自身的赢利能力。运营者可以重点从以下 4 个方面进行考虑，快速提高直播赢利能力。

8.3.1　卖货原则，让利为用户考虑

在直播卖货时，主播需要遵循一定的原则，具体如下。

1. 热情主动

同样的商品，为什么有的主播卖不动，有的主播简单几句话就能获得大量订单？当然，这可能与主播自身的流量有关，但即便是流量差不多的主播，同样的商品，销量也可能会出现较大的差距。这就很可能与主播的态度有一定的关系。

如果主播热情、主动地与用户沟通，让用户觉得主播像朋友一样亲切，那么用户自然会愿意为主播买单；反之，如果主播对用户爱答不理，让用户觉得自己的需求被忽视了，那么用户可能连直播都不太想看，也就更不用说去购买直播中的商品了。

2. 定时定点

俗话说得好："习惯成自然。"如果主播能够定时、定点直播，那么，会培养出一批忠实的用户，他们也会养成定期观看的习惯。这样，主播将获得越来越多的忠实用户，而用户贡献的购买力自然也会变得越来越强。

3. 为用户谋利

每个人都会考虑到自身的利益和需求，用户也是如此。如果主播能够为用户谋利，那么用户就会支持你，为你贡献购买力。

例如，某主播曾经因为某品牌给他的商品不是最低价，让粉丝买贵了，于是就向粉丝道歉，并让粉丝退货。此后，更主动停止了与该品牌的合作。虽然该主播此举让自己蒙受了一定的损失，但是该举动却让粉丝们看到了他在为粉丝谋利，也让他之后的直播获得了更多粉丝的支持。

当然，为用户谋利并不是一味地损失主播自身的利益，而是在保留自身

合理利益的情况下，让用户以更加优惠的价格购买商品，让用户看到主播也在为他们的利益考虑。

8.3.2 卖货技巧，提高用户的购买欲望

直播卖货不只是简单地将商品挂上链接，将商品生硬地展示给用户，而是通过一定的技巧，让用户更加了解该商品甚至品牌，提高用户的购买欲望。那么，直播卖货有哪些技巧呢？主播们可以从以下3个方面进行考虑。

1. 不要贪心

虽然商品的销量和礼物的数量与主播的收入直接相关，但是，主播也不能太过贪心，不能为了多赚一点钱，就把用户当作"韭菜"割。毕竟谁都不傻，当你把用户当"韭菜"时，也就意味着你迟早会损失一批忠实的粉丝。

2. 积极互动

无论是买东西，还是刷礼物，用户都会有自己的考虑，如果主播达不到他们的心理预期，用户很可能也不会为主播买单。那么，如何才能够达到用户的心理预期呢？其中一种比较有效的方法就是通过与用户的互动，一步步地进行引导，以此来达到其预期。

3. 亲身说法

对于销售的商品，主播最好在直播过程中将使用该商品的过程展示给用户，并将使用过程中的良好感受分享给用户。用户在看直播的过程中，会对主播多一分信任，也会更愿意购买主播推荐的商品。

8.3.3 必要准备，勾起用户的兴趣

一场卖货直播之所以能够获得成功，一定是与前期的准备息息相关。在直播之前，主播必须做好3个方面的必要准备，具体如下。

1. 了解直播内容

在直播之前，主播必须对直播的具体内容进行了解。对一些不太熟悉的

内容，尤其是某些实用类商品，一定要对其相关的注意事项烂熟于心。不然，很可能会被用户问得哑口无言，直接减少用户的信任度，影响直播的效果。

2．准备物料

在直播之前，主播需要根据直播的内容对商品进行检查，看看商品的相关样品是否到位。如果缺少东西，应及时告知相关的工作人员。不要等到需要时才发现物品没有到位，这是直播中非常低级的错误。

3．熟悉商品卖点

每款商品都有它的卖点，主播需要充分了解商品的卖点。商品的卖点是打动用户的重要筹码，只有你宣传的卖点直击用户痛点，用户才会更愿意购买你的商品。

对此，主播最好在直播之前使用商品，全面了解商品，并据此提炼出一些能打动用户的卖点。

4．做好直播预热

在正式开始直播之前，主播可能需要先进行一个短期的预热。在此过程中，主播需要通过简短的话语勾起用户看直播的兴趣。有必要的话，主播还可以根据直播内容，制造出一些神秘感。

8.3.4 提升排行，获得更多用户关注

抖音直播会根据直播每小时的抖币（所谓抖币就是抖音粉丝刷的礼物在抖音直播中的价值）排一个小时榜。

用户只要进入直播间，就可以看到该直播间的小时榜排名，点击当前直播间的小时榜排名，还可查看整个抖音直播小时榜的排名情况，如图8-32所示。

许多用户都会选择排名相对靠前的直播进行查看，因此小时榜排名靠前的直播通常可以获得更多用户的关注。

那么，如何提升直播的排名呢？其中一种比较有效的方法就是与其他主

播进行PK（Play Killing，玩家对决）。在用户看来，PK获胜就是一种实力的证明，既然支持主播，就要让主播PK获胜，如图8-33所示，可以看到短短几分钟，这两个主播的直播间就有许多人在刷礼物了。

图8-32 查看小时榜排名情况

图8-33 抖音直播画面

主播也要注意使用PK的次数，随着PK次数的增加，用户刷礼物的热情

也将随之减退。毕竟礼物都是要钱买的，一直PK也会让用户觉得主播的目的性太强，从而丧失热情。

8.4 培养优秀的带货主播

拥有一个优秀的主播是直播间带货成功的第一步，运营者如果想通过直播间实现赢利，需要运营者了解成为主播的要求及其需要掌握的各项能力，以此提高直播间的赢利能力。

做什么事情都需要一个过程，如果没有直播的经验，那么运营者就需要通过一定的方法将自己或者素人打造成主播，从而培育出网红带货达人。本节就来重点为大家介绍主播打造的相关要点，帮助大家快速成为带货达人。

8.4.1 自身定位，做好准备工作

一个运营者如果要想成为合格的抖音主播，就需要了解抖音平台的相关内容，并找准自身的定位。在此过程中，运营者要重点做好以下3个方面的工作。

1. 基础准备

运营者要想成功地、快速地成为带货达人，就不能打无准备之仗。因此，运营者需要先对抖音平台的相关知识，特别是与电商相关的知识有所了解。具体来说，运营者需要重点了解3个方面的知识，即"雪球增长逻辑""四大经营赛道""经营能力提升"，如图8-34所示。

了解了平台的基础知识之后，运营者便可以找准自身的定位，特别是类目定位，然后再根据不同类目对主播的要求来进行准备，让自己更好地成为一名合格的主播。

2. 技能提升

做好基础准备之后，运营者便可以重点提升自身的技能，增强自身的带货能力，提升直播间的带货效果。具体来说，在这个过程中，运营者需要了解并熟练掌握直播间的一些玩法，如图8-35所示。

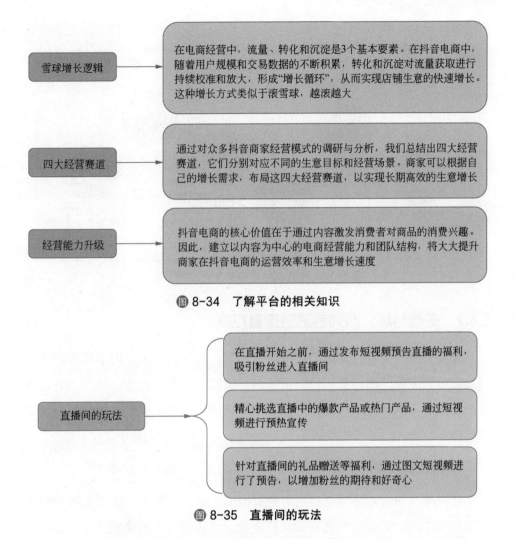

图 8-34 了解平台的相关知识

图 8-35 直播间的玩法

直播间效果好的最根本原因在于产品本身质量高、提供的内容优质以及良好的客户服务。不同阶段、不同类别的直播间玩法会有所不同，运营者可以通过多次尝试不同玩法和玩法组合找到了适合自己直播间的玩法。

3. 形成专业团队

需要特别说明的是，直播并不只是主播一个人的"战斗"，要想充分发挥直播的带货效果，单靠主播一个人的力量是远远不够的。这主要因为在直播过程中，需要做好场景、货品、内容、流量和粉丝等方面的工作，如图 8-36 所示。这些工作仅靠一个人的力量难以完成，如果有条件的话，运营者可以

专门组建一个直播团队。

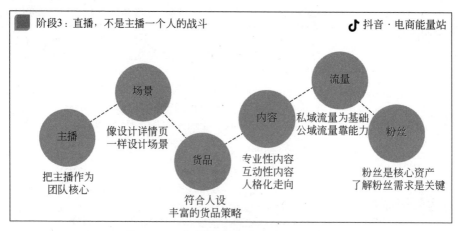

图 8-36　在直播过程中需要做好的工作

8.4.2　主播分层，找到合适的直播方案

根据主播的入场时间和带货效果等因素，可以将主播分为多种不同的层级。运营者需要了解自身所处的层级和对应层级的管理办法，从而找到适合自己的直播方案，提升带货效果。下面就来讲解抖音直播的主播分层及其对应的管理办法。

1. 新主播或素人主播

新主播是指刚入驻抖音平台进行直播的主播，而素人主播则是指没有直播经验的主播。如果运营者刚做抖音直播，没有任何直播经验，那么运营者便同时属于新主播和素人主播。

抖音电商学习中心中并没有明确规定新主播或素人主播的管理办法，对此运营者可以根据这类主播的痛点来进行自我管理，并在此基础上提高自身的带货效果。新主播或素人主播的主要痛点和解决方案如图 8-37 所示。

2. 中腰部主播或职业主播

中腰部主播是指具有一定带货能力，但是带货能力还有待提高的主播。职业主播则是指专门做直播，将其作为职业的主播。通常来说，抖音平台中的大多数职业主播都属于中腰部主播。

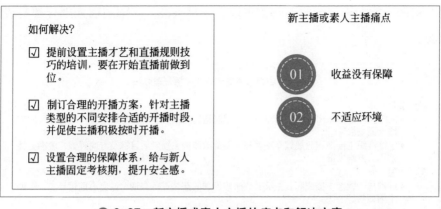

图 8-37　新主播或素人主播的痛点和解决方案

与新主播、素人主播不同，中腰部主播或职业主播通常都有一定的直播经验，所以这类主播的痛点主要在于无法改变现状，提高自身的分级。中腰部主播或职业主播的常见痛点如图 3-38 所示。

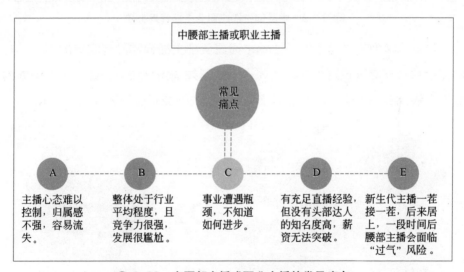

图 8-38　中腰部主播或职业主播的常见痛点

针对中腰部主播或职业主播的常见痛点，抖音电商学习中心从事业方面、心理方面和公司方面给出了管理办法，如图 8-39 所示。对此，运营者可以重点做好这几个方面的工作，针对性地提高主播的积极性和带货能力。

3. 成熟主播或头部主播

成熟主播是指直播经验丰富，拥有直播技巧的主播。头部主播则是指影

响力和带货能力排在行业前端的主播。通常来说，头部主播大部分都是成熟主播。

```
┌─────────────────────────────────────────────────────────┐
│                中腰部主播或职业主播管理方法                    │
│                                                           │
│  ❶ 事业方面：                                              │
│    ● 为中腰部主播做出合理的事业规划，定时进行主播技能培训与话术提升的辅导，使主 │
│      播全面发展。                                           │
│    ● 定期组织主播做职业规划专项管理，明确阶段内主播发展目标及方向规划，激励主播  │
│      朝达人方向发展。                                        │
│  ❷ 心理方面：                                              │
│    ● 经常与中腰部主播或职业主播对现阶段发展的想法进行沟通，成立心理辅导室，辅助  │
│      主播调整好心态。                                        │
│    ● 要灌输"事业及成长瓶颈期都是一时的"思想，树立正确的发展观。              │
│  ❸ 公司方面：                                              │
│    ● 做到管理上多沟通，线下多交流，活动多组织，来增加公司关怀。               │
│    ● 做精细化的运营管理来突破业绩，让主播觉得发现付出就有回报，用阶梯式管理方式   │
│      来激励主播。                                           │
│  ☑ 想要真正让主播融入公司的整体管理中，感知公司核心文化是解决这个层级主播管理的   │
│    最好方式。                                              │
└─────────────────────────────────────────────────────────┘
```

图 8-39 中腰部主播或职业主播管理办法

与其他类型的主播不同，成熟主播或头部主播通常没有明显的痛点。对此，运营者与其查找这类主播的痛点，还不如找到其特点，让更多主播成为成熟主播或头部主播。成熟主播或头部主播的主要特点如图 8-40 所示。

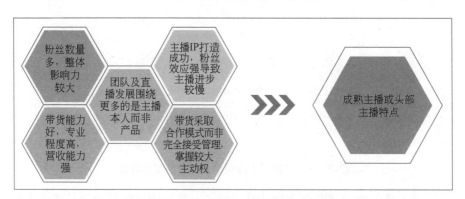

图 8-40 成熟主播或头部主播的主要特点

虽然成熟主播或头部主播的带货经验更丰富，带货能力也比较强，但是抖音平台入驻的主播越来越多，竞争也越来越大。因此，为了保持和提高主播的竞争力，运营者还是需要对成熟主播或头部主播进行必要的管理，方法如图 8-41 所示。

成熟主播或头部主播的管理方法

1. 需要更为全面的运营管理。包括直播间管理，活动策划，粉丝维护，危机公关，宣传造势，粉丝活动等。

2. 对主播的发展要有整体符合人设的规划，产品的选择和话术的确定都要以与主播人设相符为核心。

3. 调整管理模式为合作性管理，通过运营直播间活动增长流水，双方收入增长的同时加之灵活的激励政策，对于头部主播管理适当放开，实现发展双赢。

图 8-41　成熟主播或头部主播的管理方法

8.4.3　构建思维，了解完整的视频流程

运营者如果要想快速培养出优质的主播，需要找到合适、高效的主播培养方式。具体来说，运营者可以构建完整的直播流程的思维体系，对主播进行系统的培养。这既是培养优质主播的第一步，也是非常关键的一步。抖音直播流程的完整思维体系如图 8-42 所示。

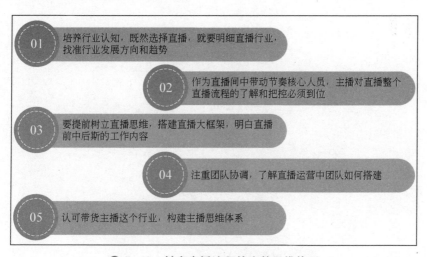

01 培养行业认知，既然选择直播，就要明细直播行业，找准行业发展方向和趋势

02 作为直播间中带动节奏核心人员，主播对直播整个直播流程的了解和把控必须到位

03 要提前树立直播思维，搭建直播大框架，明白直播前中后斯的工作内容

04 注重团队协调，了解直播运营中团队如何搭建

05 认可带货主播这个行业，构建主播思维体系

图 8-42　抖音直播流程的完整思维体系

第 9 章

卖货技巧:
快速提升转化率

学前提示

在提升转化率的过程中,运营者需要了解如何利用促销活动、如何使用营销功能以及如何有效提升直播间的转化率。

那么,如何开通和运用好这些抖音平台的工具,快速提高转化率呢? 本章将重点对这几个问题进行解读。

要点展示

· 刺激用户下单的优惠促销   · 促进用户转化的营销工具

· 提升直播间的转化效果

9.1 刺激用户下单的优惠促销

优惠券是抖音商家最常用的营销工具,能够快速提升GMV(Gross Merchandise Volume,商品交易总额)和销售额,是商家打造爆款的"不二法宝"。

很多用户在抖音平台上购买商品时,都希望能够获得一些优惠。此时,商家和运营者便可以使用各种优惠券来进行促销,让用户觉得商品的价格很划算,从而选择购买商品。本节就来为大家介绍抖音电商平台上的优惠券使用方法。

9.1.1 商品优惠券,打败竞品打造爆款

商品优惠券是只能对店铺中的指定商品使用的优惠券,它可以帮助运营者实现爆款促销和交易额破零等目标。同时,商品优惠券也是一种间接、灵活的价格调整策略,能够帮助运营者有效打败竞品和打造爆款。下面将具体介绍创建商品优惠券的操作方法。

步骤 01 进入抖店后台,单击菜单栏中的"营销中心"按钮,如图 9-1 所示。

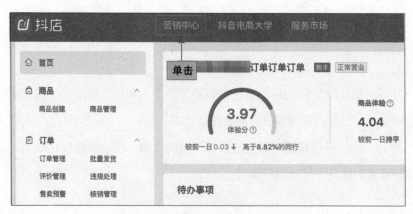

图 9-1 单击"营销中心"按钮

步骤 02 执行操作后,进入"抖店 I 营销中心"页面,❶ 在左侧导航栏中选择"营销工具 I 优惠券"选项,进入"新建优惠券"页面;❷ 在"商品优惠券"选项区中单击"立即新建"按钮,如图 9-2 所示。

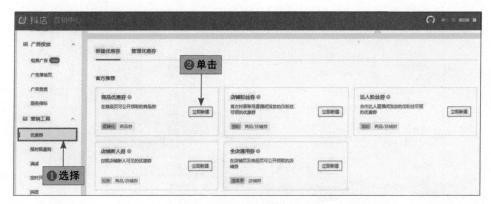

图 9-2　单击"立即新建"按钮

步骤 03 执行操作后，进入"新建商品优惠券"页面，在此设置优惠券的名称、类型（"指定商品直减券""指定商品折扣券""指定商品满减券"）、"满减面额"、"领取时间"、"使用时间"、"日期范围"和"发放量"，如图 9-3 所示。设置完成后单击"提交"按钮，然后用户在商品的优惠信息中便可以看到和领取相应的商品优惠券。

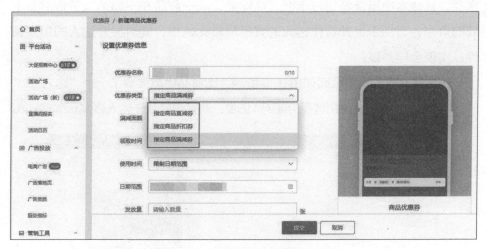

图 9-3　"新建商品优惠券"页面

9.1.2　店铺粉丝券，快速获得大量粉丝

店铺粉丝券是指用户关注店铺后获得的优惠券，能够帮助店铺快速获取大量粉丝。店铺粉丝券的设置页面如图 9-4 所示，其基本选项与商品优惠券一致。

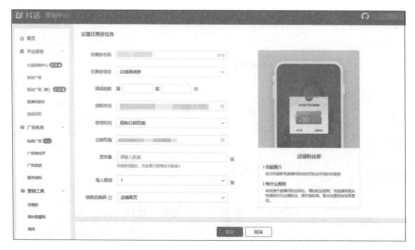

图 9-4　店铺粉丝券的设置页面

9.1.3　达人粉丝券，提升粉丝黏性

达人粉丝券是一种由运营者创建然后指定给相应达人发放的定向渠道优惠券，其成本由运营者自行承担，这样能让同一商品在不同达人带货时有不同的价格，有助于提升合作达人的直播间转化效果，同时提升达人的用户黏性，实现合作共赢。

达人粉丝券的设置页面如图 9-5 所示，比商品优惠券多了一个"达人 uid"（UserIdentification，使用者身份证明）选项，商家需向合作达人咨询获取其 uid。

图 9-5　达人粉丝券的设置页面

达人可以进入抖音 App 的"设置"界面，在该界面底部点击灰色的文字，如图 9-6 所示。操作后，苹果手机需点击 4 次，安卓手机需点击 5 次，完成点击后即可看到界面中显示 uid，如图 9-7 所示。

图 9-6　点击灰色的文字　　　　图 9-7　显示抖音 uid

主播在直播间带货时，能在优惠券列表中看到商家定向为自己发放的达人粉丝券，然后能在直播时发放，如图 9-8 所示。注意，用户只能在指定达人的直播间领取达人粉丝券，而且该优惠券不会自动展示在商品列表、商品详情页、店铺页。如果用户没有关注达人，则在领券时页面会提示需要订阅主播后才能领取，如图 9-9 所示。

图 9-8　查看达人粉丝券

图 9-9　领取达人粉丝券提示

9.1.4 店铺新人券，促进新用户转化

店铺新人券是专门为从来没有在店铺消费过的用户提供的专属优惠券，用户领券后购买商品时可抵扣对应面额的订单金额，能够有效提升直播间的新用户转化效果，完成店铺的拉新目标。店铺新人券的设置页面如图9-10所示，其"优惠券类型"固定为"店铺满减券"，"每人限领"的数量为1张，这些都是无法修改的。

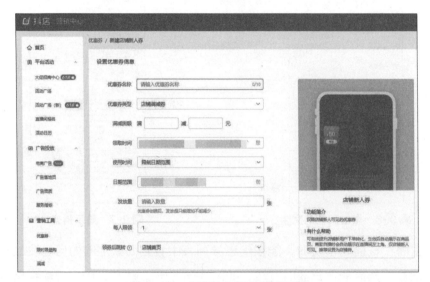

图 9-10 店铺新人券的设置页面

店铺新人券的展示效果如图9-11所示，通常新人券对于没有进入过直播间的新用户以及没有在店铺下单过的用户都有着比较大的吸引力，拉新效果也是优惠券中最好的，运营者可以适当多发一些店铺新人券，这也是不错的引流方式，能够吸引新用户的目光。

> **专家提醒**
>
> 运营者创建的店铺新人券生效后，将会自动发放到绑定该店铺的抖音号直播间中，运营者或主播无须再去其他平台手动发放。需要注意的是，新人券默认可用于全店铺商品范围，因此运营者需谨慎设置面额。
>
> 同时，新人券可以与其他优惠券并存发放，运营者要注意提前算好价格以及成本，避免新用户用低于市场价的价格买到商品。谨防黄牛或者买手多次购买，这既不利于商品在市场中的流通，也不利于日后价格的提升。

图 9-11　店铺新人券展示效果

9.1.5　全店通用券，引导用户下单

全店通用券适用于店铺中的所有商品，通过提高价格优惠力度来引导用户下单，其展示效果如图 9-12 所示。全店通用券是优惠券中领取率较高的，若全店通用券搭配其他优惠券使用的话，能够给用户一种十分优惠的感觉，促进用户下单。

图 9-12　全店通用券展示效果

全店通用券的主要功能如图 9-13 所示。

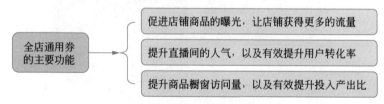

图 9-13　全店通用券的主要功能

同时，商家还可以通过抖店后台的装修设计功能，将该优惠券直接展示到店铺首页中，强化促销效果，提升用户领取率，如图 9-14 所示。

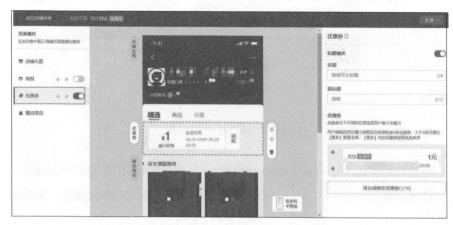

图 9-14　将优惠券展示到店铺首页

9.2　促进用户转化的营销工具

在移动互联网时代，电商的营销不再采用过去那种"砸墙抢夺流量"的方式，而是以粉丝为核心，所有商家和运营者都在积极打造忠诚的粉丝社群体系，这样才能让店铺走得更加长远。

在抖音的运营过程中，使用抖音电商平台提供的营销工具就是一种快速获得粉丝的方法，这样能够更好地为店铺引入流量，给商品和店铺带来更多的展示机会，并有效促进用户的下单转化。

9.2.1　限时限量购，快速提高店铺人气

抖音电商的"限时限量购"营销工具也称为"秒杀"，是一种通过对折扣

促销的商品货量和销售时间进行限定，来实现"饥饿营销"的目的，这种方式可以快速提升店铺人气和GMV。用户需要在商家设置的活动时间内对活动商品进行抢购，一旦超出活动时间或活动库存售罄，商品将立即恢复原价。

下面介绍设置限时限量购活动的操作方法。

步骤 01 进入"抖店丨营销中心"页面，❶ 在左侧导航栏中选择"营销工具丨限时限量购"选项；❷ 单击右上角的"立即创建"按钮，如图9-15所示。

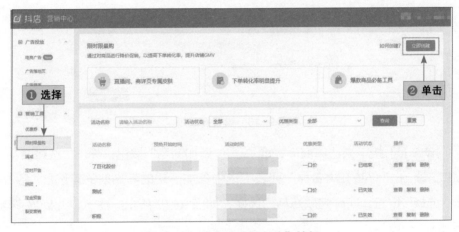

图 9-15 单击"立即创建"按钮

步骤 02 进入"新建活动"页面，在"设置基础规则"选项区中设置各选项，如图9-16所示。

专家提醒

在"设置基础规则"选项区中，"活动类型"默认为"限时限量促销"；在"活动名称"文本框中可输入1～5个中文名称；"活动时间"可选择"按开始结束时间设置"（填写限时限量购活动的开始时间和结束时间）或"按时间段选择"（可选择活动生效后的持续时间）；"订单取消时间"是指用户提交订单后，如果一直处于未支付的状态，订单自动取消的时间，建议设置为5分钟；在"是否预热"选项区中，选中"不预热"单选按钮后会在用户端的商详页中直接展示"距离结束"的活动倒计时，选中"预热"单选按钮后还需设置预热的持续时间，同时商详页会展示"距离开抢"的活动倒计时。

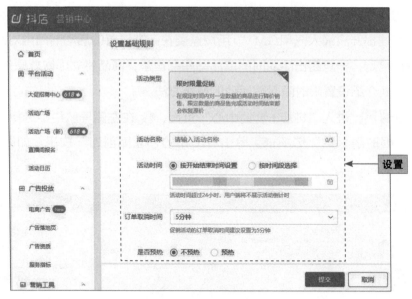

图 9-16　设置各选项

步骤 03 接下来选择商品，❶ 单击"添加商品"按钮，弹出"选择商品"窗口；❷ 在"商品 ID/ 名称"列表中选中参加活动的商品前的复选框；❸ 单击"选择"按钮，即可完成商品的选择，如图 9-17 所示。注意，此处最多可添加 50 个商品。

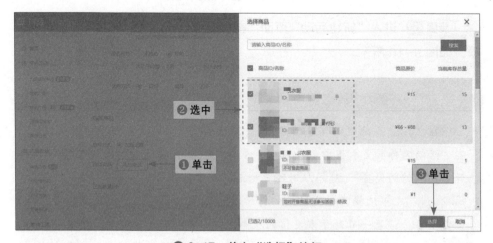

图 9-17　单击"选择"按钮

步骤 04 ❶ 最后设置价格、活动库存和限购数量；❷ 单击"提交"按钮即可，如图 9-18 所示。

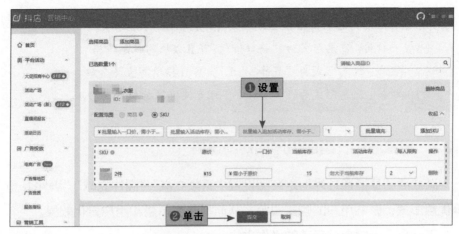

图 9-18　单击"提交"按钮

步骤 05 商家在设置了限时限量购活动后，用户从抖音平台进入活动商品的直播间或商品详情页后，可以看到有专属活动标识，如图 9-19 所示，这样的标识能够营造出强烈的营销氛围，从而促进用户转化效果。

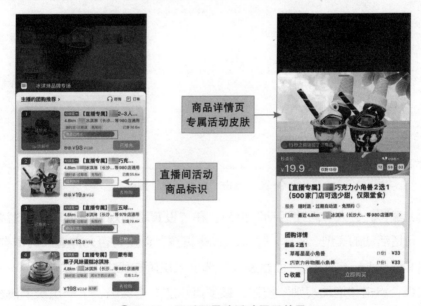

图 9-19　限时限量购活动展示效果

专家提醒

在"设置基础规则"选项区中，商家还可以设置"优惠方式"选项，该

选项将影响活动商品的价格设置方式，具体包括以下3个选项。

（1）一口价：优惠形式为"一口价"，可直接填写优惠价格。

（2）直降：优惠形式为"直降×元"，可直接填写直降金额。

（3）打折：优惠形式为"××折"，可直接填写折扣系数。

9.2.2 满减活动，影响用户的购物决策

满减活动是指通过为指定商品设置"满额立减""满件立减""满件 N 折"等优惠形式，影响用户的购买决策，从而提升客单量和用户转化效果。

下面介绍设置满减活动的操作方法。

步骤 01 进入"抖店 I 营销中心"页面，❶ 在左侧导航栏中选择"营销工具 I 满减"选项；❷ 单击右上角的"立即新建"按钮，如图 9-20 所示。

图 9-20 单击"立即新建"按钮

步骤 02 进入"新建活动"页面，在"设置基础规则"选项区设置各选项，包括活动的类型、名称、时间、"优惠设置"以及是否允许叠加店铺券等，如图 9-21 所示。其中，"优惠设置"选项采用阶梯优惠的方式，默认只有 1 个层级，点击"增加规则"按钮，最多可添加 5 个层级，下一层级的满额或折扣要大于上一个层级。

步骤 03 在"选择商品"选项区中单击"添加商品"按钮，可在店铺中添加参与活动的商品，上限为 100 件。单击"提交"按钮即可创建满减活动。如果商家想中断进行中的活动，可以在"多件优惠"活动页面中，单击相应活

动商品右侧的"设为失效"按钮即可，如图 9-22 所示。

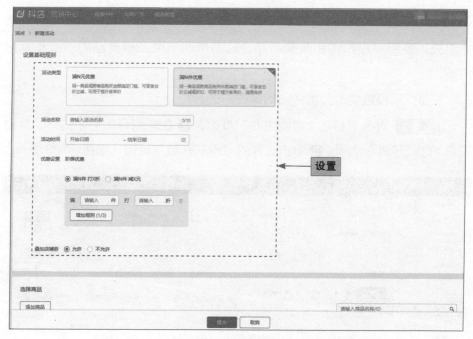

图 9-21 设置基础规则

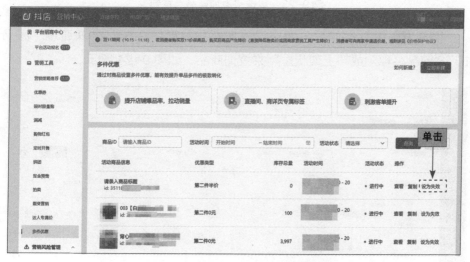

图 9-22 单击"设为失效"按钮

商家创建满减活动后，用户进入店铺主页、商品详情页或单个商品下单页，就可直接看到相应的活动信息，这能有效引导用户同时购买多个商品。

9.2.3 定时开售，了解商品的热度

商家在即将上架新品的时候，可以通过对新品定时开售的活动来为其预热引流，吸引用户预约和收藏新品，从而帮助商家了解商品的热度和预估销量。

下面介绍设置定时开售活动的操作方法。

步骤 01 进入"抖店 | 营销中心"页面，❶ 在左侧导航栏中选择"营销工具 | 定时开售"选项；❷ 单击右侧的"添加商品"按钮，如图9-23所示。

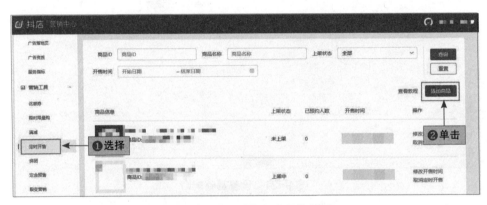

图 9-23 单击"添加商品"按钮

步骤 02 执行操作后，弹出"添加商品"窗口，在此可以通过"商品ID""商品名称"或"上架状态"来查询商品，如图9-24所示。

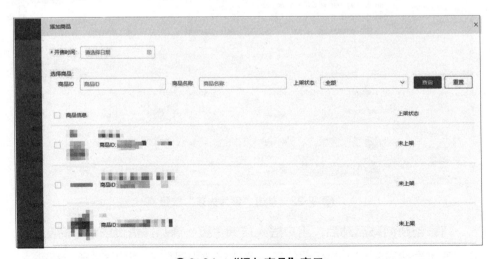

图 9-24 "添加商品"窗口

步骤 03 选中相应商品前的复选框，单击页面最下方的"提交"按钮即可添加活动商品。图9-25所示为抖音用户端的定时开售活动展示效果。

> **专家提醒**
>
> 　　对于商家来说，开展定时开售活动，不仅可以通过用户的预约数据来了解商品热度，而且可以营造出商品的稀缺氛围，同时还能够利用平台的用户召回功能提高直播间或商品橱窗的流量。
>
> 　　另外，虽然定时开售活动几乎适用于全部类目的商家，但更加推荐生鲜类、家电、珠宝文玩等类目的商家使用。

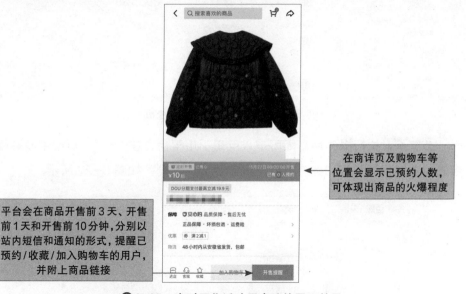

在商详页及购物车等位置会显示已预约人数，可体现出商品的火爆程度

平台会在商品开售前3天、开售前1天和开售前10分钟，分别以站内短信和通知的形式，提醒已预约／收藏／加入购物车的用户，并附上商品链接

图9-25　定时开售活动用户端的展示效果

9.2.4　巨量千川，一体化营销解决方案

　　巨量千川是巨量引擎推出的一个电商广告平台，为商家和运营者提供抖音电商一体化营销解决方案，实现高效经营，助力和成就销量的可持续增长。巨量千川已经与抖音电商的经营实现了深度融合，有助于提升电商营销效率，改善营销效果，助力商家实现销量长期有效增长和电商生态的健康发展。

　　巨量千川的推广步骤如下。

步骤 01 商家或运营者可以在抖店后台的顶部菜单栏中单击"电商广告"按钮,如图 9-26 所示。

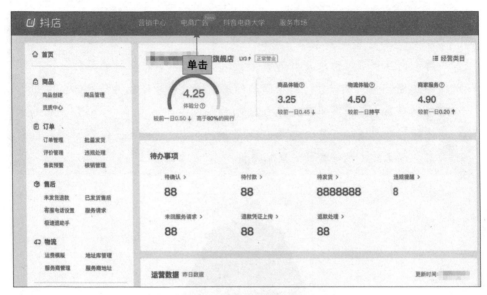

图 9-26　单击"电商广告"按钮

步骤 02 执行操作后,即可进入巨量千川平台,在"推广"页面中设置相应的"营销目标"和"推广方式"来创建推广计划,如图 9-27 所示。

图 9-27　"推广"页面

在"营销目标"选项区中，商家或运营者可以结合自己的营销目标，选择"短视频／图文带货"选项来吸引用户购买商品，或选择"直播带货"选项来吸引用户进入直播间下单。

在"推广方式"选项区中，"极速推广"方式的操作门槛低，相对便捷，适用于新手；"专业推广"方式则可以自由选择投放方式、投放速度、转化目标，以及设置日预算、出价、定向人群、投放日期和时段、创意类型、创意内容、创意分类和创意标签等选项，适用于老手。

巨量千川的推广工具可以帮助商家和运营者提升短视频、直播带货的投放优化能力，同时还有助于实现观看、互动、停留等浅层转化目标，以及实现对短视频商品购买、直播间下单等深度目标的优化。

9.3 提升直播间的转化效果

很多运营者或主播看到其他直播间中爆款多、销量好，难免会心生羡慕。其实，只要你用对方法，也可以提升直播间的转化效果，打造出属于自己的爆款商品。本节主要介绍直播卖货常用的促单技巧，让用户快速下单。

9.3.1 带货主播，专业且了解商品

直播带货主播这个职业，实际就是一个优秀的推销员，而作为一个直播商品推销员，最关键的就是通过获得流量，提高直播间商品的转化率。如果不能提高直播间的转化率，就算主播每天夜以继日地直播，也很难得到满意的结果。

主播需要足够的专业，能了解自己在卖什么，掌握商品的相关信息，这样自己在直播的过程中，才不会出现没话可说的局面。同时，主播还要学会认识和了解自己的粉丝，最好挑选出适合他们的商品，从而有针对性地向他们推荐商品。

在抖音平台上，很多运营者缺少直播经验，因此直播带货的效果并不好，此时即可考虑寻找高流量的优质带货主播进行合作，让合适的人做合适的事。

寻找主播资源的渠道除了孵化网红主播的机构和各大直播平台的达人主

播外，运营者还可以通过抖音电商平台的达人广场、达人招商、达人榜单、团长招商、抖 Link 选品会、平台招募计划、绑定直播基地、星选撮合等渠道与达人主播达成合作。

例如，团长招商是一个帮助运营者快速找到带货达人的平台，运营者可以选择满足条件的商品直接报名，让爆单变得更容易，具体操作方法如下。

步骤01 进入"抖店 I 营销中心"页面，在左侧导航栏中选择"精选联盟 I 团长招商"选项，如图 9-28 所示。

图 9-28 选择"团长招商"选项

步骤02 执行操作后，进入巨量百应平台的"团长招商"活动页面，❶ 商家可以通过"招商类目"和"活动类型"等功能筛选出合适的招商团长，并通过查看"预估平均成交交易额"来评估团长的实力；❷ 单击"立即报名"按钮，如图 9-29 所示。

步骤03 选择相应的商品报名后，弹出"商品报名"窗口，如图 9-30 所示，需要设置参与活动商品的佣金率、服务费率、价格、库存、"赠品"以及"联系电话"等选项。设置完成后，同意服务协议并单击"报名"按钮即可。

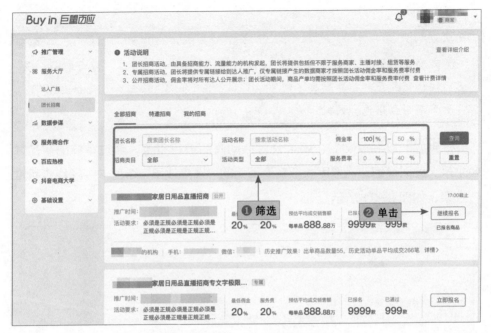

图 9-29 单击"立即报名"按钮

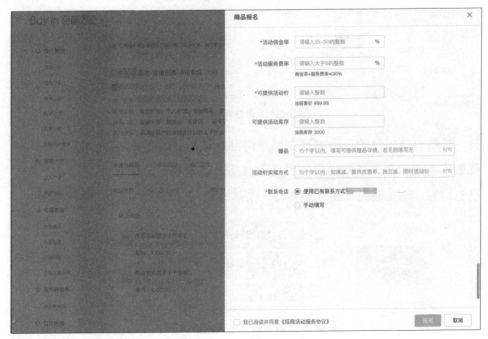

图 9-30 "商品报名"窗口

专家提醒

需要注意的是，没有达到报名门槛的商家无法进行报名，若商家满足报名门槛但商品是非招商类目，则为该商品点击"报名"按钮后，将会出现"商品类目不符合条件"的提示。

步骤 04 报名成功后，团长会对活动商品进行审核，通过审核的商品才会生效。此时商家进入"团长招商"页面的"推广效果"选项卡中就能查看推广效果，如图 9-31 所示。

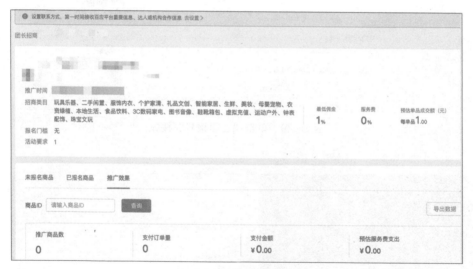

图 9-31　查看推广效果

其他电商平台的直播间存在经常跨品牌和类目进行带货的情况，而抖音则要求主播要深入了解自己所带货的商品。运营者在选择主播时，或者将自己打造为店铺主播时，还需要具备一些基本要求，具体如图 9-32 所示。

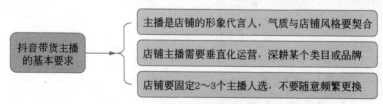

图 9-32　抖音带货主播的基本要求

例如，对于服装商品来说，带货该品类商品主播的"颜值"就要高一些，同时需要有好的身材和口才，这样不仅能够展现漂亮的服装上身效果，而且还能把服装的优势讲出来，在做主播的同时还要将自己变成展示衣服的模特。

再例如，在各种数码商品的直播间，考虑到价格和使用期限，用户都比较喜欢提各类问题，则主播需要将自己打造成一个"专家"的形象，能够快速回复用户的问题，同时能够将商品优势有条不紊地说出来，从而增强用户的信任度。

在抖音平台上，主播通常包括以下3类人群，其优缺点如图9-33所示。

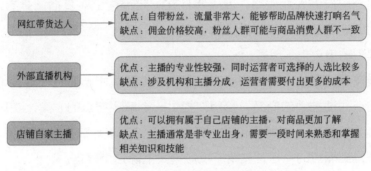

图 9-33 不同类型主播的优缺点

在开直播的初期，运营者可以试着自己开播，因为只有自己本人才最了解自己店铺中的商品。电商直播不同于以往的秀场直播，即使主播没有好的外形，但只要运营者能够坚持为消费者提供物美价廉的商品，成功也将会变得唾手可得。

9.3.2 直击痛点，带给用户有价值的内容

虽然抖音直播间的主要目的是卖货，但单一的内容形式难免会让用户觉得无聊。因此，运营者可以根据用户痛点，给用户带来一些有趣、有价值的直播内容，提升用户的兴趣和黏性。

运营者在直播时并不需要一味地吹嘘商品的特色卖点，而是要解决用户的痛点，这样用户才有可能在直播间驻足。很多时候，并不是主播提炼的卖点不够好，而是主播认为的卖点，不是用户的痛点所在，并不能解决用户的需求，所以这个卖点对用户来说自然就没有吸引力了。

主播要做好直播间的用户定位，明确目标群体是追求特价，还是追求品质，或者是追求实用技能，以此来优化直播内容。主播对商品最好要有亲身体验，并告诉用户自己的使用感受，同时还可以列出真实用户的买家秀图片、评论截图或短视频等内容，这些都可以在直播间中展示出来，有助于杜绝虚假宣传的情况。

痛点，就是用户急需解决的问题，如果没有解决这个痛点，他就会很痛苦。用户为了解决自己的痛点，一定会主动地去寻求解决办法。相关研究显示，每个人在面对自己的痛点时，是最有行动效率的。

大部分用户进入直播间，就表明他在一定程度上对直播间是有需求的，即使当时的购买欲望不强烈，主播也完全可以通过抓住用户的痛点，让购买欲望不强烈的用户也下单。

主播在寻找和放大用户痛点，让用户产生解决痛点的想法后，可以慢慢地引入自己想要推销的商品，给用户提供一个解决痛点的方案。在这种情况下，很多人都会被主播所提供的方案给吸引住。毕竟痛点被主播提出来后，用户也察觉到痛点的存在，其第一反应就是消除这个痛点。

主播要先在直播间中营造出用户对商品的需求氛围，然后再去展示要推销的商品。在这种情况下，用户的注意力会更加集中，同时他们甚至会有些急切，希望运营者可以快点解决自己的痛点。

通过这种价值的传递，可以让用户对商品产生更大的兴趣。当用户对商品有进一步了解的欲望后，这时主播就需要和他们建立信任。主播可以在直播间与用户聊一些商品的相关知识和技能，或者提供一些专业的使用建议，来提高用户对自己的信任。

总之，痛点就是通过对人性的挖掘，来全面解析商品和市场；击中痛点就是解决用户的需求，使他们对商品和服务产生渴望和购买欲。痛点就潜藏在用户的身上，需要商家和主播去探索和发现。

9.3.3 抢购商品，主播营造直播间氛围

直播间的互动环节，主要目的是活跃气氛，让直播间变得更有趣，避免出现冷场。主播可以多准备一些与用户进行互动交流的话题，可以从以下两

方面找话题，如图 9-34 所示。

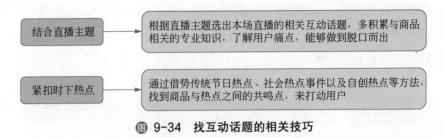

图 9-34 找互动话题的相关技巧

除了互动话题外，主播还可以策划一些互动活动，如发红包和免费抽奖等，不仅能够提升用户参与的积极性，而且可以实现裂变引流。另外，主播还可以在副播和场控的帮助下，营造商品的稀缺氛围，提升用户下单的积极性。

对于主播来说，副播能够起到锦上添花的作用，一主一副相互配合，彼此是一种相互依赖的关系。例如，在平台大促期间，当主播的嗓子已经喊哑的时候，副播就要及时顶上，告诉用户怎么领券下单，分担主播的压力。

如果主播的粉丝量非常大，达到了几十万以上，而且粉丝的活跃度非常高，此时就需要增加一些副播了。当然，一个副播每天也可以协助多个主播，以此来延长自己的工作时间，从而获得更多收入。

对于主播来说，直播间的场控是一个炒热气氛、维持热度的重要岗位，不仅可以帮助主播控制直播间的节奏，解决一些突发状况，还可以引导粉丝互动和下单。直播间场控的具体要求如图 9-35 所示。

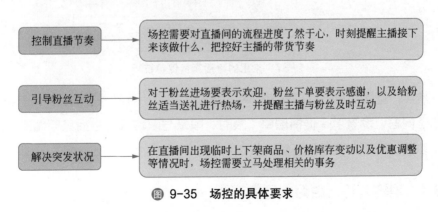

图 9-35 场控的具体要求

对于一些运营者来说，如果运营人员的时间足够多，同时能力也比较强，也可以由运营来兼任直播间场控一职。

在抖音直播间中，主播除了需要充分展示商品的卖点外，还需要适当地发挥自己的个人优势，利用一些直播技巧来活跃直播间的气氛，从而提升用户的黏性和转化效果，相关技巧如图9-36所示。

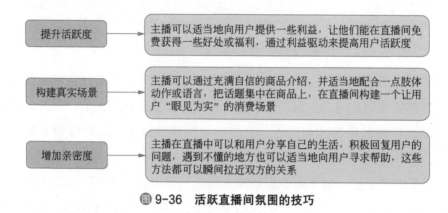

图 9-36　活跃直播间氛围的技巧

直播卖货的关键在于营造一种抢购的氛围，以此来引导用户下单，相关的促单技巧如图9-37所示。

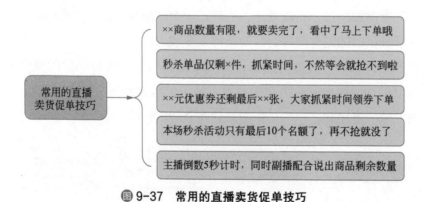

图 9-37　常用的直播卖货促单技巧

其实，直播卖货的思路非常简单，无非"重复引导（关注、分享）＋互动介绍（问答、场景）＋促销催单（限时、限量与限购）"，主播只要熟练运用这个思路，即可在直播间轻松卖货。

9.3.4　销售技巧，更好地直播带货

在抖音平台上，想要打动直播间用户的心，让他们愿意下单购买，主播

需要先锻炼好自己的直播销售技能。下面将分享一些关于直播销售的技巧，来帮助主播更好地进行直播卖货工作。

1. 转变身份：加快引流速度

直播销售是一种通过屏幕来与用户交流、沟通的职业，它必须依托直播的方式来让用户进行购买，这种买卖关系使得主播会更加注重建立和培养自己与粉丝之间的亲密感。

因此，主播不再是冷冰冰的形象或者单纯的推销机器，而渐渐演变成为更加亲切的形象。主播会通过和用户实时的信息沟通，及时地根据用户的要求来进行商品介绍，或者回答用户提出的有关问题，实时引导和帮助用户进行关注、加购和下单等操作。

正是由于主播身份转变的需求，很多主播在直播间的封面上，一般都会展现出邻家小妹或者调皮可爱等容易吸引用户好感的形象。当主播的形象变得更加亲切和平易近人后，用户对于主播的信任和依赖也会逐渐加深，甚至还会开始寻求主播的帮助，借助主播所掌握的商品信息和相关技能，让自己买到更加合适的商品。

2. 管好情绪：提高直播权重

主播在直播卖货的过程中，为了提高商品的销量，会采取各种各样的方法来达到自己的目的。但是，随着步入抖音直播平台的主播越来越多，每一个主播都在争夺流量，想要吸引粉丝、留住粉丝。

毕竟，只有拥有粉丝，才会出现购买行为，才可以保证直播间的正常运行。在这种需要获取粉丝流量的环境下，很多个人主播开始延长自己的直播时长，而商家也开始采用多位主播来轮岗直播的方式，以此获得更多的曝光量。

这种长时间的直播，对于主播来说，是一个非常有挑战性的事情。因为主播在直播时，不仅需要不断地讲解商品，还要积极地调动直播间的氛围，同时还需要及时地回复用户提出的问题，可以说是非常忙碌的，难免会感到极大的压力。

在这种情况下，主播就需要做好自己的情绪管理，保持良好的直播状态，

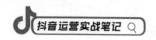

保持直播间热闹的氛围，从而在无形中提升直播间的权重，获得系统给予的更多流量推荐。

3. 用好方法：提升直播间销量

直播销售是一种需要用户掏钱购买商品的模式，而主播需要让用户愿意看自己的直播，愿意在自己的直播间花钱购买商品，还愿意一直关注自己，成为忠实粉丝等。

主播不可能随随便便就让用户愿意留在直播间，而且也不是一味地向用户说商品好，就可以让用户下单购买。因此，主播需要掌握合理的直播销售方法，这样才能留住用户，提升直播间的销售额。主播介绍商品的流程如图 9-38 所示。

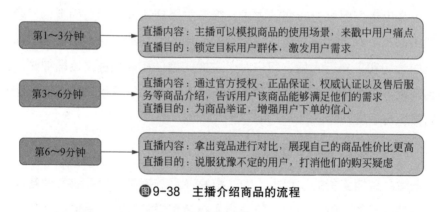

图 9-38　主播介绍商品的流程

9.3.5　裂变营销，快速炒热卖货氛围

在抖音平台上，除了自然流量和广告流量外，平台还推出了一种新的裂变营销工具，即通过直播间互动（优惠券）来刺激用户进行私域分享，快速炒热卖货氛围，提高人气，给直播间带来流量和提升 GMV。

下面介绍设置裂变营销活动的操作方法。

步骤 01 进入"抖店 | 营销中心"页面，❶ 在左侧导航栏中选择"营销工具 | 裂变营销"选项；❷ 单击右上角的"立即创建"按钮，如图 9-39 所示。

步骤 02 执行操作后，进入"创建活动"页面，首先设置好基础规则和选择合作达人，如图 9-40 所示。在"授权作者"列表框中可以选择"官方账号""自播账号""其他达人"等方式。注意，裂变营销活动必须关联唯一达人抖音账号，且创建后不可修改。

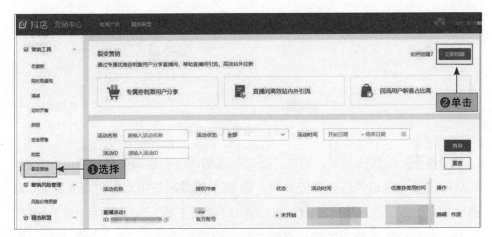

图9-39 单击"立即创建"按钮

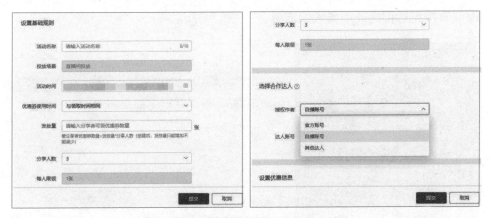

图9-40 设置基础规则和选择合作达人

步骤 03 接下来设置优惠信息，包括"分享者优惠"和"被分享者优惠"两个选项，如图 9-41 所示。其中，"分享者优惠"是指用户得到好友助力后所获得的奖励，建议额度设置得稍微大些，以便更好地激励用户分享；"被分享者优惠"是指用户的好友助力后所获得的优惠券，建议优惠面额略低于分享者优惠券。

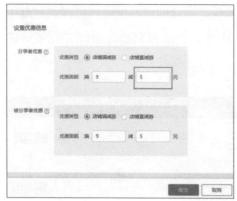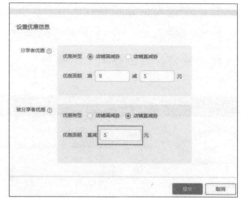

图 9-41　设置优惠信息

步骤04 设置完成后，单击"提交"按钮即可创建裂变营销活动。此时，对应的主播可以进入巨量百应后台，❶ 在左侧导航栏中选择"直播管理 I 直播中控台"选项进入其页面；❷ 在右侧的"直播工具"选项区中单击"分享裂变券"按钮；❸ 在弹出的"分享裂变券"窗口中单击"投放活动"按钮，如图 9-42 所示，即可在自己的直播间发布专属分享裂变券，并最大化拉动直播间看播流量和提升单场大促增量。

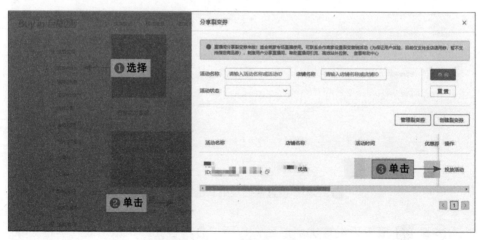

图 9-42　单击"投放活动"按钮

第 10 章

视频赢利：
实现创业的梦想

学前提示

如今，随着短视频的火爆，带货能力更强的种草视频也开始在各大新媒体和电商平台中流行起来。本章将介绍抖音平台的视频创作技法、发布技巧、视频内容的优化以及借助营销的方式帮助商家基于优质内容拥有更多的成交机会。

要点展示

- 拍摄不同类型商品的技巧
- 带货视频的运营技巧
- 发布带货视频的技巧
- 借助营销引爆商品销量

10.1　拍摄不同类型商品的技巧

在传统电商时代，用户通常只能通过图文信息来了解商品详情，而如今视频已经成了商品详情的主要展示形式。因此，对于运营者来说，在抖音平台上进行带货之前，首先要拍一些好看的商品视频，画面要漂亮，更要真实，而且必须能够引起用户的购买兴趣，这就对运营者有一定的要求了。

本节主要介绍不同类型的商品的视频拍摄技巧，以及抖音平台中的热门品类内容的创作技法，帮助大家轻松做出爆款带货视频。

10.1.1　外观商品，优先展示整体外观

在拍摄外观型的商品视频时，要重点展现商品的外在造型、图案、颜色、结构、大小等外观特点，建议拍摄思路为"整体→局部→特写→特点→整体"。

例如，拍摄下面这个遥控玩具车玩具商品的短视频，先360°拍摄玩具车整体外观，然后拍摄局部细节和特写镜头，接着拍摄不同角度下的外观效果，如图10-1所示。

图 10-1　遥控玩具车玩具商品的短视频

如果拍摄外观型商品时有模特出镜，则可以增加一些有关商品的使用场

景的镜头，展示商品的使用效果。需要注意的是，商品的使用场景一定要真实，很多用户都是"身经百战"的网购达人，他们一眼就能分辨出来商品是否与描述的一致，而且这些人往往都是未来长期的消费群体，运营者一定要把握住这类群体。

10.1.2 功能商品，重点展示功能特点

功能型商品通常具有一种或多种功能，能够解决人们生活中遇到的难题，因此拍摄该类商品视频时应将重点放在其功能和特点的展示上，建议拍摄思路为"整体外观→局部细节→核心功能→使用场景"。

例如，拍摄下面这个吸管杯商品的短视频，先要拍摄吸管杯的整体外观，然后拍摄吸管杯的设计和配色，接着通过多个分镜头来演示吸管杯的各种核心功能，并讲解适合人群，如图10-2所示。

图 10-2 吸管杯商品的短视频

如果拍摄功能型商品时有模特出镜，同样也可以添加一些有关商品的使用场景的镜头。另外，对于有条件的运营者来说，也可以通过自建美工团队或外包的形式来制作3D（3 Dimensions，三维）动画，来展示功能型商品，以更加直观地展示商品的功能。

10.1.3 综合商品，兼顾外观与功能

综合型商品是指兼具外观和功能特色于一体的商品，因此在拍摄这类商品时需要兼顾两者的特点，既要拍摄商品的外观细节，同时也要拍摄其功能特点，并且还需要通过拍摄商品的使用场景来充分展示其使用效果。如果是生活中经常用到的商品，则最好选择用户会使用商品的场景作为拍摄环境，这样更容易引起用户共鸣。

例如，手机就是一种典型的综合型商品，不仅外观非常重要，丰富的功能也是吸引用户的一大卖点。一个手机商品的短视频如图10-3所示，拍摄者先是通过情景再现和展示实物商品的方式，吸引用户的眼球，接着再展示手机拍摄到的画面，最后展示官方图片，全方位地展现手机的外观特色，让用户对该手机有更深入的了解。

图10-3　手机商品的短视频

10.1.4 穿搭商品，创作内容的3大特点

穿搭可以说是抖音平台的热门品类，而且衣服还是人们的生活必需品，在衣、食、住、行里排列第一。在现代，服装除了保暖功能外，其意义已经被人们上升到另一个高度：服饰可以代表一个人的形象。

越来越多的人开始重视服装是否合适、得体、美观、时尚，但是挑选衣服并不是一件简单的事情，它不仅仅需要花费时间，还要考虑各种情况和场合。这种用户痛点，为抖音的运营者带来了很多的销售机会。那么，穿搭类商品的短视频该如何创作呢？下面总结了穿搭类商品短视频内容的3大特点。

1. 强烈的个人风格

运营者可以通过强烈的个人风格，让用户第一时间记住你。在抖音中，可以看到街头、复古、Y2K、机能、日潮、国风等明确的服装风格，这能让用户更快地找到自己喜欢的商品，如图10-4所示。当然，运营者也可以发挥自己的个人特色和人格魅力，通过自己对时尚的理解，打造自己独有的风格。

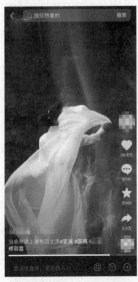

图10-4 风格强烈的穿搭种草视频示例

运营者也可以根据自己的风格，来创建品牌的风格。创建个人品牌并没有想象中的那么难以实现，市面上到处都可以看见新的品牌诞生，个人品牌最重要的就是找到自己最擅长的风格，并使与其他品牌区分开来。

专家提醒

Y2K中的Y代表Year(年)，2K即2000，这个名字源自一种名为"千年虫"的电脑病毒。Y2K风格是以科技感、配色鲜艳、立体感为设计核心，具

有独特的迷幻、复古与未来感。机能风来源于"赛博朋克"，最初是为满足运动、户外探险、户外作业等需求而设计的服装，最大的特点在于面料选用和功能性设计。

2. 实用的价值

运营者可以多做一些实用性的视频内容，这种视频往往更容易获得用户的点赞和互动。例如，穿搭展示的视频内容，建议运营者在视频中增加口播或文字，将搭配的要点和适用的场景告诉用户，或者把视频中出现的品牌或店铺罗列出来，便于用户下单。

潮品推荐类的内容，则建议运营者对单品进行更加详细的介绍，或者对同类单品进行对比测评，给出选购建议，这样带货效果通常会更好。

3. 追寻时下热点

潮流和趋势是并行的，流行趋势可以是季节、节日等变化，比如新年穿搭，或者提前预告春夏流行色搭配，或者市面上的新品、联名款、限定款等。运营者要时刻保持敏锐的时尚嗅觉，这样可以让你先人一步做出爆款内容。

10.1.5 美妆商品，视频创作的3大技法

根据字节跳动旗下的巨量星图提供的数据显示，无论是接单总金额还是接单数量，美妆达人号都是遥遥领先其他领域的，因此美妆品类在短视频领域的地位不容忽视。下面将介绍一些美妆类视频内容的创作技法。

1. 真实有趣的人设

在抖音平台上，用户可以看到各类妆容教程、护肤心得、好物分享等内容，平台上的美妆短视频达人阵容正在快速增长。在整个抖音电商体系中，美妆都是一个相对成熟的品类，运营者想要脱颖而出必须有自己的人设，使自己与其他的运营者区别开来。

建议运营者将真实的自己呈现给用户，用你觉得舒服的方式和节奏与用户交流和互动。很多时候，在视频中呈现出一个真实有趣的人设，对于用户

来说会更有记忆点。

2. 真诚地分享知识

分享各种美妆知识很容易吸引用户的关注，其视频内容大致可以分为以下几类。

（1）好物分享。抖音平台鼓励详细介绍单品的视频内容，运营者尽量一次介绍多款商品，同时分享亲身试用的过程，这种内容对和运营者有相同肤质的用户来说会更具参考价值，如图 10-5 所示。

图 10-5　好物分享类视频

（2）妆容教程。运营者可以将妆容教程视频中用到的单品都罗列出来，如果是仿妆或变妆等内容，则最好能保留化妆的整个过程。

（3）护肤攻略。运营者既可以从专业的角度提供护肤方法，也可以从个人角度谈谈自己的护肤心得，为用户带来有用的护肤建议。

3. 紧跟时尚潮流趋势

流行妆容、美妆好物是时刻变化的，运营者必须发掘出热门妆容、紧跟护肤趋势，要做到这一点，建议运营者时刻关注各种明星造型和新品上市信息，如图 10-6 所示，这样运营者才能抢得市场先机。

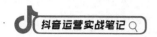

图 10-6　新品上市类视频

10.2　发布带货视频的技巧

有了优质的带货视频内容后，运营者还需要将其发布到抖音等平台上，借此吸引用户关注和购买视频中推荐的商品。本节主要介绍带货视频内容的发布和优化技巧，帮助大家让自己发布的短视频具备带货的能力。

10.2.1　商品分享，获得一系列权益

商品分享功能即抖音的商品橱窗带货功能。开通商品分享功能后，运营者可以获得商品橱窗、带货视频等一系列权益，具体如图 10-7 所示。

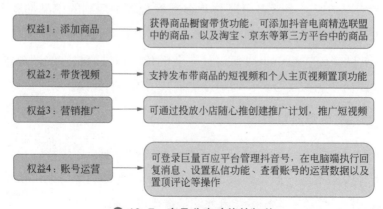

权益1：添加商品	获得商品橱窗带货功能，可添加抖音电商精选联盟中的商品，以及淘宝、京东等第三方平台中的商品
权益2：带货视频	支持发布带商品的短视频和个人主页视频置顶功能
权益3：营销推广	可通过投放小店随心推创建推广计划，推广短视频
权益4：账号运营	可登录巨量百应平台管理抖音号，在电脑端执行回复消息、设置私信功能、查看账号的运营数据以及置顶评论等操作

图 10-7　商品分享功能的权益

10.2.2 发布视频，提升老用户复购率

运营者除了可以在抖音"商品橱窗"的"选品广场"界面中添加商品外，还可以直接在视频的"发布"界面中添加商品。具体操作如下。

在抖音"商品橱窗"界面中点击"橱窗管理"按钮进入其界面，点击相应商品右侧的编辑按钮，如图 10-8 所示。进入"编辑商品"界面，在此可以编辑短视频推广标题和选择商品推广图片，如图 10-9 所示。

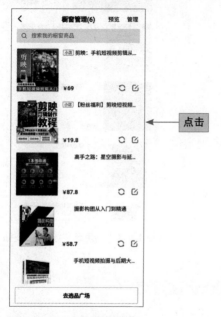

图 10-8　点击编辑按钮　　　图 10-9　"编辑商品"界面

注意，最上方的商品信息无法修改，它将会直接展现到商品详情页和订单页面中。短视频推广标题将在视频播放界面展示。

在抖音中拍摄或上传短视频后，进入短视频的"发布"界面，选择"添加商品"选项，如图 10-10 所示。进入"我的橱窗"界面，选择相应的商品后点击"添加"按钮，如图 10-11 所示。进入"编辑推广信息"界面，输入相应的商品推广标题并确认，然后发布短视频即可，这样商品就添加完成了。

运营者要将商品橱窗中的商品卖出去，可以通过直播间和短视频两种渠道来实现，其中短视频不仅可以为商品引流，而且可以吸引粉丝关注，提升

老客户的复购率。因此，种草视频是实现橱窗商品赢利不可或缺的内容形式，为了提高赢利能力，运营者在运营抖音账号的过程中也需要多拍摄种草视频。

图 10-10　选择"添加商品"选项

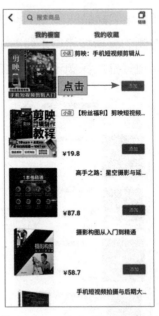

图 10-11　点击"添加"按钮

10.2.3　电商榜单，提升优质创作者影响力

抖音电商平台推出了电商短视频榜单功能，旨在给运营者提供优质的电商内容案例进行参考，从而帮助运营者更好地拍摄电商短视频。同时，对于上榜的电商短视频作品，平台还会给予运营者荣誉激励，以此来提升优质创作者的影响力。

运营者可以进入巨量百应平台，在"作者成长"页面的左侧导航栏中选择"短视频排行榜"选项，默认显示的是"带货视频榜"页面，如图 10-12所示。

该页面中默认显示添加了购物车商品的电商短视频总榜，同时运营者还可以选择查看服饰内衣、母婴宠物、图书教育、智能家居、生鲜食品、美妆、个护家清或其他行业垂类（垂直类目）榜。

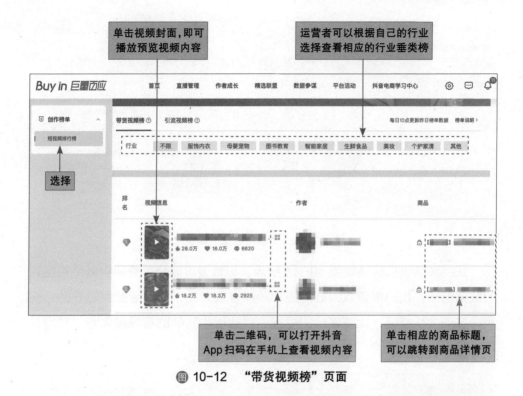

图 10-12　"带货视频榜"页面

专家提醒

巨量百应，也叫 Buy in，是基于短视频 / 直播内容分享商品场景，汇聚并连接各作者、商家、机构服务商的综合商品分享管理平台。目前，巨量百应平台支持 5 类用户登录：达人、机构服务商、小店联盟商家、合作商家及电商平台。

10.2.4　带货数据，提升短视频内容质量

运营者可以进入抖店后台的"内容分析"页面，在"抖音短视频"模块中查看短视频的整体数据和明细列表，通过分析短视频带货数据来提升短视频的内容质量。

"数据概览"模块如图 10-13 所示，运营者可以根据其中的数据对店铺的整体短视频带货内容质量及效果进行评估，从而决定是否要加大对短视频的投入。运营者还可以根据发布月份筛选并查看相应的数据指标，了解当月短视频发布数据的变化趋势、累计达成的成交金额和退款金额。

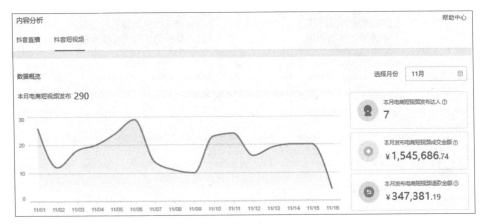

图 10-13　"数据概览"模块

"短视频明细"模块如图 10-14 所示，运营者可以分析模块中各个短视频的数据指标，找出带货效果好的短视频内容及商品，并总结数据较好的短视频内容的共性特征，比较其他的短视频以此优化其他的短视频内容，并为其匹配更好的货品。

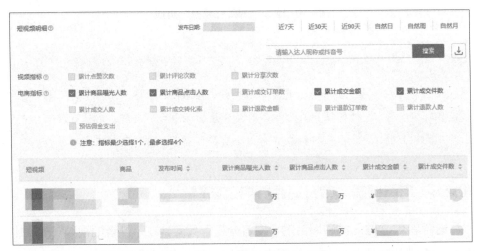

图 10-14　"短视频明细"模块

专家提醒

运营者可以基于短视频的发布日期来筛选时间段，然后输入短视频博主昵称或抖音号，来搜索查看某条短视频的带货数据。

10.2.5 分析功能，提升短视频的赢利能力

抖店后台的短视频带货数据分析功能针对的是商家，而对于没有开通抖店的带货达人来说，则可以通过巨量百应平台的"数据参谋"功能来快速直观地获取到短视频数据，并分析数据明细来提升短视频的赢利能力。

运营者可以进入巨量百应平台的"数据参谋｜更多数据｜短视频数据"页面，页面包括"短视频概览"和"短视频明细"两个模块。

• 在"短视频概览"模块中，运营者可以查看某个时间段内的视频播放次数、视频点赞次数、完播率、商品展示次数和商品点击次数等核心数据的变化趋势，如图 10-15 所示，还能在模块中看到该时间段内整体短视频从商品曝光到成交的各环节转化漏斗数据。

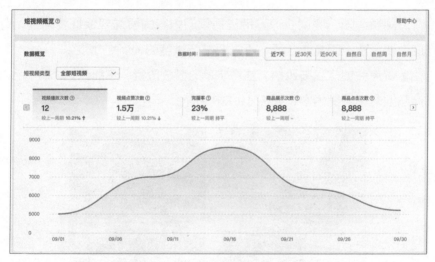

图 10-15 "短视频概览"模块

• 在"短视频明细"模块中，运营者可以查看在不同时间内发布的每条短视频的核心数据指标和电商指标，具体包括累计播放次数、累计点赞次数、累计分享次数、累计评论次数、平均播放时长、完播率、累计商品曝光人数、累计商品点击人数、商品点击率、累计成交订单数和累计成交金额。

10.3 带货视频的运营技巧

在抖音里，可以看到潮流资讯、穿搭指南、彩妆护肤等内容，所有的商品

都是围绕"潮流"这个定位来进行选品和内容创作的。

在短视频的基础上衍生出直播带货后，很多百万粉丝级别的抖音号都成了名副其实的"带货王"，捧红了不少商品，让抖音成为著名的"种草神器"。本节将介绍抖音平台中带货视频的运营技巧，让短视频成为一种"自动"售货机，同时也能让运营者的电商赢利之路变得更顺畅。

10.3.1 带货视频，快速提升视频流量

很多运营者最终都会走向带货卖货这条电商赢利之路，而带货视频能够为商品带来大量的流量和销量的同时，还让运营者获得丰厚的收入。下面介绍带货短视频的 6 大基础原则，帮助运营者快速提升视频的流量和转化率。

（1）画质清晰，亮度合适。带货视频的内容画质需要保证清晰度，背景曝光度也要正常，明亮度合适，不需要进行过度的美颜、磨皮。

（2）避免关键信息被遮挡。注意字幕的摆放位置，不能遮挡人脸、品牌信息、商品细节等关键内容，如图 10-16 所示。

图 10-16 字幕没有遮挡关键信息的视频示例

（3）音质稳定，辨识度高。运营者在给视频配音时，注意背景音乐的音量

不要太大，不能影响到主体声音，同时确保口播带货内容的配音吐字清晰。

（4）背景画面干净、整洁。带货视频的背景不能过于杂乱，尽量布置得干净、整洁一些，让用户看起来更加舒适。

（5）画面稳定、不卡顿。在拍摄时切忌晃动设备，避免画面变得模糊不清，同时各个镜头的衔接要流畅，场景过渡要合理。

（6）真人出镜，内容真实。对于真人出镜讲解商品的视频，平台给予了大力支持，同时尽量不要完全使用 AI（Artificial Intelligence，人工智能）配音，此外还要保证商品讲解内容的真实性。

10.3.2 优秀视频，带来更好的销售业绩

与单调的文字和图片相比，视频的内容更丰富，记忆线也更长，信息传递也更为直接和高效，一个优秀的带货视频能带来更好的商品销售业绩。如今，短视频、直播带货当道，用户已经没有足够的耐心去浏览商品的图文信息，因此带货视频的重要性不言而喻。那么，优秀的带货视频都有哪些通用的必备要素呢？下面将分别进行介绍。

（1）实物展示：包括真实货品、真实使用场景和真人试用等内容。

（2）卖点精讲：每个商品精选 1 ～ 2 个卖点，并进行全方位的重点讲解，如图 10-17 所示。

（3）有吸引力的开头：可以强调用户痛点来引发共鸣，然后再介绍商品的功能来解决痛点；也可以强调痒点来激发用户的好奇心，然后再引出商品。

（4）功效类商品——对比展示：使用商品前后的对比效果要直观、明显。

（5）非功效类商品——细节展示：具有近距离拍摄实物商品的特写镜头，展示商品的细节特色，如图 10-18 所示。

（6）多种方式测试：展示出商品独有的特性，让用户信服，同时还能加深用户对商品的印象。

（7）退货保障：强调退货免费、验货满意再付款等服务，解决用户下单的后顾之忧。运营者可以利用视频的结尾画面，用文字和箭头来引导用户点击"搜索视频同款宝贝"按钮进行下单。

图 10-17　商品卖点讲解

图 10-18　商品细节展示

10.3.3　视频标题，获得更高的搜索排名

带货视频的标题，是让用户能搜索到、能点击商品，最终进入该商品橱窗或店铺产生成交。标题设计的目的则是为了获得更高的搜索排名，更好的用户体验，更多的免费有效点击量。带货视频标题设计的五大技巧如图 10-19 所示，从这些技巧中可以看出，带货视频的标题设计要基于用户需求。

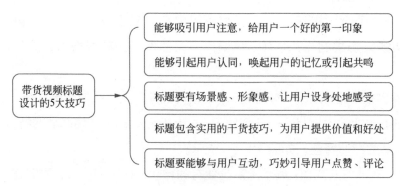

| 带货视频标题设计的5大技巧 | 能够吸引用户注意，给用户一个好的第一印象 |
| 能够引起用户认同，唤起用户的记忆或引起共鸣 |
| 标题要有场景感、形象感，让用户设身处地感受 |
| 标题包含实用的干货技巧，为用户提供价值和好处 |
| 标题要能够与用户互动，巧妙引导用户点赞、评论 |

图 10-19　带货视频标题设计的5大技巧

带货视频的标题文案相当重要，只有击中用户痛点的标题才能吸引用户观看视频，从而吸引他们去购买视频中的商品，如图 10-20 所示。

运营者可以多参考和模仿小红书等平台中的同款商品视频，找到一些与自己要带货的商品特点相匹配的文案，这样能够提升创作效率。

图 10-20　踩中用户痛点的标题文案

　　例如，运营者还可以在带货视频的标题中添加一些"励志鸡汤"的内容元素，并且结合用户的需求或痛点，从侧面来凸显商品的特点和重要性，这样的内容很容易引起有需求的精准用户产生共鸣，带货效果也非常好。

10.3.4　高效种草，提升带货商品的转化率

　　如果用户看完了你发布的短视频，则说明他对你推荐的内容或商品有一定的兴趣。而视频与单纯的图文内容相比，它可以更细致、直观、立体、全方位地展示商品的卖点和优势，能够有效刺激用户下单，提高带货商品的转化率。

　　下面重点介绍高效种草的 5 类视频。

　　（1）横向测评商品类：通过筛选多款商品进行横向测评，帮助用户多角度快速地了解这些商品的特点，如图 10-21 所示。

　　（2）制作过程展示类：运营者可以在商品的工厂或生产基地进行实拍，或者在视频中真实还原商品的制作过程。

　　（3）商品深度讲解类：运营者可以从多维度专业地介绍商品的卖点、价位等信息，同时还可以具体分享自己的使用体验。

（4）使用教程攻略类：运营者可以介绍商品的购买攻略、使用技能，帮助用户掌握商品的正确使用方法，如图 10-22 所示。

图 10-21　横向测评商品

图 10-22　使用教程攻略

（5）多元场景展示类：运营者可以拍一些 Vlog 或者情景剧，然后将商品植入其中，同时还可以通过专业团队打造出高稀缺性、高质感的视频内容。

专家提醒

种草视频可以将日常生活作为创作导向，包含但不限于这几类：穿搭美妆、生活技巧、美食教学、健康知识、家居布置、购买攻略等。

10.3.5　教程视频，提升用户的购物体验

当商品需要安装或者功能比较复杂时，如果只是用抽象的图文或说明书来展示这些操作信息，用户可能很难看懂，通常都会选择再次去咨询运营者，这样反而增加了运营者的工作量，而且部分不会操作的用户甚至会直接给出差评或投诉。

此时，运营者可以制作一些教程类的带货视频，更直观、细致地演示商品的使用方法，做到一劳永逸，还能提升用户的购物体验。下面将重点介绍

教程类带货视频的制作技巧。

1. 真人演示使用教程

如果商品的使用难度较大，或者功能比较复杂，如单反相机、汽车用品、化妆品等，运营者可以通过真人口播来演示并进行分步骤讲解，指导用户去使用这个商品。例如，通过真人演示的方式，展示使用单反相机拍人像的技巧，如图 10-23 所示。

图 10-23　真人演示使用教程

专家提醒

真人演示使用商品的教程视频不仅简单明了，还可以直击用户痛点，不仅能够让用户深入了解商品的相关信息，还能增加用户在视频播放界面的停留时间，达到高效种草的目的，促进商品快速成交。

2. 分享购买技巧攻略

运营者可以给商品做出一系列购买攻略。例如，运营者想帮用户挑选一款物美价廉的化妆品，则可以教用户如何选择购买渠道、如何货比三家选到更省钱的化妆品以及如何选到适合自己的化妆品。

3．分享实用知识技能

运营者还可以手把手教用户利用商品去解决一些具体的问题，通过分享某种知识、技巧或技能，来售卖相关商品。

10.3.6　丰富场景，深挖用户的潜在需求

很多时候，用户打开抖音等 App 可能只是随意翻看，并没有很明确的购买需求和目的，但如果他点击了"搜索视频同款宝贝"按钮，就说明他已经对视频中的商品产生了浓厚的兴趣。此时，运营者需要深挖这些用户的潜在购物需求，通过场景展示的带货视频将他们带入具体的使用场景中，将其转化为自己的意向客户。

下面介绍丰富带货视频场景展示的相关技巧。

1．Vlog 日常类

运营者可以将带货视频拍成 Vlog，从各种生活和工作场景中展示商品，如记录家庭生活、日常工作、职场趣事、探店、旅游等场景，或者在视频中展示试货、选货等环节，击中用户对生活的憧憬和乐趣。

2．主题小剧场类

运营者可以尝试拍摄搞笑、反转、情侣日常、职场生活等主题的小情节剧，注意不要模仿过于陈旧和老套的剧情套路，而要学会创新和运用热点事件，增加内容的话题性。

3．高质感稀缺视频

高质感稀缺视频通俗来讲就是"物以稀为贵"，运营者可以与专业视频团队合作，制作出 ins 风（Instagram 上的照片风格，色调饱和度低，整体风格多偏向复古冷调）、动漫动画、电影质感、舞台表演风等一系列原创性极强的高质量内容。

10.4　借助营销引爆商品销量

在当今社会，"酒香也怕巷子深"，如果不能掌握一定的营销方法，即便

是再好的商品，可能也难以为人所知，也就更不用说赢利赚钱了。

运营者如果想将商品前景和"钱景"握在手中，借助营销引爆销量，还得掌握一些必要的营销方法。

10.4.1 活动营销，培养核心用户

活动营销是指通过整合相关的资源来策划相关活动，从而卖出商品，提升企业、店铺形象和品牌的一种营销方式。通过营销活动的推出，能够提升用户的依赖度和忠诚度，更利于培养核心用户。

活动营销是各种运营者及商家最常采用的营销方式之一，常见的活动营销种类包括抽奖营销、打折营销和团购营销等。许多运营者通常会采取"秒杀""抢购"等方式，以相对优惠的价格吸引用户来购买商品，增加视频的流量，提升商品的销量。

活动营销的重点往往不在于活动的表现形式，而在于活动的具体内容。也就是说，运营者在做拍摄活动营销的短视频时需要选取用户感兴趣的内容，否则可能难以实现预期的效果。

对此，运营者需要将活动营销与用户营销两者结合起来，以活动为外衣，把用户需求作为视频的内容进行填充。比如，当用户因商品价格较高不愿下单时，还可以通过给不同的带货博主不同的优惠机制，适度让利，以薄利获取多销。

10.4.2 饥饿营销，快速销售商品

饥饿营销属于常见的一种营销战略，但要想采用饥饿营销的策略，首先还需要商品具有一定的真实价值，或者品牌在大众心中有一定的影响力。否则，目标用户可能并不会买账。饥饿营销实际上就是通过降低商品供应量，造成供不应求的假象，从而形成品牌效应，快速地销售商品。

饥饿营销运用得当会产生明显的良好效果，对品牌的长期发展十分有利。对于运营者来说，饥饿营销主要可以起到两个作用，具体如下。

（1）获取流量，制造短期热度。这样的热度能够让视频在一段时间内出现在推荐界面，同时又能使其从推荐界面获得更多的流量，实现赢利。

（2）增加认知度。随着秒杀活动的开展，许多用户一段时间内对品牌的印象加深，品牌的认知度获得提高。

10.4.3 事件营销，利于打造爆品

事件营销就是借助具有一定价值的新闻、事件，结合自身的商品特点进行宣传、推广，从而达到商品销售目的的一种营销手段。运用事件营销引爆商品的关键就在于结合热点和时势。事件营销对于打造爆品十分有利。

但是，事件营销如果运用不当，也会产生一些不好的影响。因此，在事件营销中需要注意几个问题，如事件营销要符合新闻法规、事件要与商品有关联性、营销过程中要控制好风险等。

事件营销具有几大特性，分别为重要性、趣味性、接近性、针对性、主动性、保密性和可引导性等。这些特性决定了事件营销可以帮助商品变得火爆，从而成功达到提高商品销量的效果。

10.4.4 口碑营销，顺利带动销量

在互联网时代，消费用户很容易受到口碑的影响，当某一事物受到主流市场推崇时，大多数人都会对其趋之若鹜。对于运营者来说，口碑营销主要是通过商品的口碑，进而利用好评带动流量，让更多消费用户出于信任购买商品。

常见的口碑营销方式主要包括经验性口碑营销、继发性口碑营销和意识性口碑营销。下面就来分别进行简要的解读。

1. 经验性口碑

经验性口碑营销主要是从消费用户的使用经验入手，通过消费用户的评论让其他用户认可商品，从而产生营销效果。随着电商购物的发展，越来越多的人开始养成这样一个习惯，那就是在购买某件商品时一定要先查看他人对该物品的评价，以此对商品的口碑进行评估。而店铺中某件商品的总体评价较好时，商品便可凭借口碑获得不错的营销效果。

2. 继发性口碑

继发性口碑的来源较为直接，就是消费用户直接在抖音平台和电商平台

上了解相关的信息，从而逐步形成的口碑效应，这种口碑往往来源于抖音平台和电商平台上的相关活动。

3. 意识性口碑

意识性口碑营销，主要就是由名人效应延伸的商品口碑营销，往往由名人的名气决定营销效果，同时明星的粉丝群体也会进一步提升商品的形象，打造品牌。

相比于其他推广方式，请明星代言的优势就在于，明星的粉丝很容易"爱屋及乌"，在选择商品时，会有意识地将自己偶像代言的品牌作为首选。有的粉丝为了扩大偶像的影响力，甚至还会将明星的代言内容进行宣传。

口碑营销实际上就是借助从众心理，通过消费用户的自主传播，吸引更多消费用户购买商品。在此过程中，非常关键的一点就是消费用户好评的打造。毕竟，当新用户受从众心理的影响进入店铺之后，要想让其消费，得先通过好评获得用户的信任。